AF411007

Bibliographie des Travaux

de

Mr M. Schwab.

1860.

1. De la Ponctuation hébraïque — La Vérité israélite, III, pp. 320-327.

2. Haphtarah de la Section de Wayigasch. La fraternité des peuples (Ezechiel, XXXVII, 15-28. — Ibid. III, pp. 352-355.

3. Haphtarah de Vaychi. Le Testament. L'Immortalité (I Rois, 1-12) Ibid, III, pp. 370-374.

4. Haphtarah du Sabbat-néoménie. La mission prophétique, Isaïe, LXVI, 1-24). Ibid., III, pp. 422-425.

1861.

5. La Philosophie de Maïmonide — Revue orientale et américaine, VI (1861) pp. 132-144 [Au sujet de la traduction du "Guide des égarés" de Maïmonide par S. Munck. Tiré à part : Extrait n° 32 de la Revue orientale et américaine — Paris, Challamel, 1861; in-8°, 12 p.]

6. La Géographie selon le Talmud — Ibid. VII (1861), pp. 161-164. [A propos du Sepher Dibré-Joseph, de M. J. Schwartz.]

7. Haphtaroth de Vaera et de Boh (Ezechiel, XXVIII, 25 et 26 — XXIX, 21 Jérémie, XLIV, 13-28. — La Vérité israélite, IV, pp. 16-19.

8. * De l'histoire juive au moyen âge. Les Juifs en France, en Espagne et en Italie, par J. Bedarride. Deuxième édition. — Ibid., IV, pp. 85-91. — Signé : M. Schwab.

9. Poésies juives du moyen-âge. — Ibid., IV, pp. 254-258, 328-331 et 394-403. [Traduction d'œuvres de R. Isaac Ibn-Djiat, R. Abraham Ibn Ezra et R. Jehouda ben Samuel Halévi.]

10. * Dictionnaire hébreu-français, par M.M. Sander et Trénel. — Ibid., IV, pp. 303-306.

11. Simon le Juste. — Ibid., IV, pp. 350-356.

12. Poésies juives du moyen-âge. Hymne de R. Jehoudah ben Samuel Halévi [traduit par M.S.] — Ibid., V, pp. 39-42.

13. Simon Ben-Schetach. — Ibid., V, pp. 65-72.

14. Poésies juives du moyen-âge. Fragments poétiques d'Ibn-Gebirol.

8 Q Pere

1904

2.

[Traduits par M. S.]. — Ibid., V, pp. 86-89.

15. Les Docteurs de la grande Synagogue. Hillel et Schammai. — Ibid, V, pp. 90-96.

16. Schemaia et Abtalion. — Ibid, V, pp. 178-183.

17. José Ben Yœzer et José Ben Tochanan. — Ibid., V, pp. 347-351.

18. Teschoua Ben Parachia et Nitai d'Arbèle. — Ibid., V, pp. 398-401.

19. L'École de Yabné. Gamaliel et ses contemporains. — Ibid., VI, pp. 587-591 et 610-615.

1862.

20. Abravanel et la fin des Juifs en Espagne. — Revue orientale et américaine VIII (1862), pp. 280-284.

[1er article. cf. N° 47]

21. * Bibliographie. Manuel de la lecture japonaise, à l'usage des voyageurs et des personnes qui veulent s'occuper de l'étude du japonais, par Léon de Rosny. — Ibid, VIII (1862), pp. 211-212.

22. L'École de Yabné. Akiba ben Joseph. — La Vérité israélite, VII, pp. 68-72 et 93-96.

23. * La Géographie selon le Talmud. Sépher Dibré Yoseph. Livre sur les paroles de Joseph, par le rabbin J. Schwartz. — Ibid., VII, pp. 130-133.

24. D'auteur de la Mischna, R Iehouda Hanassi. — Ibid., VIII, pp. 15-19 et 59-65.

25. Un Tombeau à Jérusalem. — Ibid., VIII, pp. 404-408 et IX p° 0-24.

1863.

26. * Bibliographie. — Archives israélites, XXIV, pp. 353-354.

[Signé : M. Schwabe. A propos des livres de MM. Sander et Trenel et de M. Elie Benamozegh.]

27. * Bibliographie. — Ibid., XXIV pp. 394-395.

[Œuvres de MM. G. Netter, S. Horowitz, B. Mossé, E. Lambert.]

28. [Note sur l'organisation d'une bibliothèque israélite à Paris] — Ibid., XXIV, p. 403-404.

29. * Bibliographie. — Ibid., XXIV, p. 535-536.

[A propos de l'"Essai sur les satires de Mathurin Régnier", par James de Rothschild.]

30. Episode de l'histoire de Dalmatie. — Ibid., XXIV, pp. 572-577.

31. * Bibliographie. — Ibid., XXIV, pp. 621-622. — Sur le Taarha — Sofer de J. B. Levinsohn.

32. Littérature. Images et pensées. — Ibid., XXIV, pp. 704-708.

[Poèmes de M. L. Wihl traduits par M. S. La suite de cet article se trouve aux pp. 883-887 et 939-941. Mais il n'est pas indiqué que la traduction de ces autres poèmes soit de M. S.]

33. Une Découverte au sujet de R. Meir de Rothenburg. — Ibid., XXIV, pp. 747-752.

34. * Bibliographie. Schire: beis elauhim, Synagogen Gesänge für manuserche

mit Tenor oder Baryton-soli, par M. A. Berlijn. — Ibid., XXIV, pp. 759-760.

35. *Littérature I. La philosophie des Juifs, d'après V. Cousin. — Ibid., XXIV, pp. 790-796.

36. *Littérature II. De l'enseignement de l'hébreu dans l'Université de Paris au XV.ᵉ siècle, par M. Ch. Jourdain. III. L'annuaire israélite de Vienne. — Ibid., XXIV, pp. 838-845.

37. La Correspondance de Napoléon 1ᵉʳ et le grand Sanhédrin. — Ibid., XXIV, pp. 933-939. Signé : M. Schwabe.

38. Curiosités d'antiquaire. I. Épitaphe d'Aschkenas ben Gomer [au Musée de Gothembourg]. — Ibid., XXIV, pp. 982-983.

39. Abravanel et son époque. — Ibid., XXIV, pp. 1022-1029 et 1067-1072. — Cf. n: 43

40. La Bibliothèque du Consistoire central. — Ibid., XXIV, pp. 1066-1067.
[Sur Liesman ou Lipmann Calmer.]

1864.

41. Almanach perpétuel hébreu-français. — Paris, Librairie du "Petit Journal", 1864, in-12, XXVIII-312 p.

[Rédigé conformément au vœu exprimé par les consistoires de Bordeaux et Bayonne sur l'initiative de M. Castro, ce travail fait suite au "Calendrier hébraïque" de Rodrigues-Mozanto (Bordeaux, Raile, 1814) qui allait de 1814 à 1864. Il comprend un calendrier complet de 5625 (1864) à 5674 (1914), précédé de : 1: un avant-propos sur la rédaction du calendrier (p. III-XVI) — 2° un résumé chronologique de l'histoire juive depuis la sortie d'Égypte jusqu'en 1860 (p. XVII-XXI) — 3: des tables perpétuelles pour la fixation du calendrier hébraïque (p. XXI-XXVII) — 4° une statistique des Israélites de France (p. XXVIII non chiffrée). Il est suivi de : 1° un calendrier spécial donnant la date des fêtes et le commencement des mois pour les années 5605-5624 (1844-45 à 1863-64). (p. 310-311), — 2°: d'une table des heures du commencement du Sabbath pour Bordeaux, Bayonne et Amsterdam (p. 312 non chiffrée). Un Errata a été collé à la p. XXI.]

42. Résumé chronologique d'histoire juive. — Annuaire de la Société d'Ethnographie. 5ᵉ Année. — (Paris, 1864, in 8°), pp. 13-20.

[L'auteur annonce la publication d'une Histoire post-biblique des Juifs, qui devait être le développement de ce Résumé. Ce résumé figure également en tête de l'Almanach perpétuel hébreu-français, p. XVII-XXI. cf. n: 41.]

43. Abravanel et son époque. — Archives israélites, XXV, pp. 32-39, 79-85, 126-130, 168-170, 216-218, 258-265, 303-310, 351-356, 391-396, 444-449, 489-491, 626-629, 670-675, 753-757, 900-904 et 988-992. Suite du n: 39.

44. (Note sur l'initiation religieuse de M. Arthur de Rothschild). — Ibid., XXV, pp. 358-359.

45. *Madamé Mélekh. Délices royales ou le jeu des échecs, par Ibn-Yrhia et

Ibn-Ezra (du XIIe siècle), traduction de M. Hollaenderski : in-12, 1864. — Ibid., XXV, pp. 668-670.

46. Une Inscription juive au Caire. — Ibid., XXV, pp. 1083-1085. (Note sur Firkowitz.)

47. Abravanel et la fin des Juifs en Espagne. — Revue orientale et américaine, IX (1864), pp. 28-34, 69-78 et 264-268. Suite du n° 20.

1865.

48. Literarischer Wochenbericht. — Allgemeine Zeitung des Judenthums. 30, Jahrgang, p. 4 et 5. (Note sur Firkowitz et l'inscription juive du Caire. Traduction du n° 46.)

49. Abravanel et son époque. — Archives israélites, XXVI, pp. 81-86.
[Suite du n° 43. — Tiré à part sous le titre de : Abravanel et son époque, les derniers jours de l'histoire des Juifs d'Espagne et leur exil (XIVe et XVe siècles). (Paris, bureau des "Archives israélites", 1865; in-8°, 100 p.]

50. *Bibliographie. Catalogue de la Bibliothèque hébraïque et orientale de feu J. Almanzi, par S. D. Luzatto. — Ibid., XXVI, pp. 172-174.

51. *Bibliographie. Abravanel et son époque. — Ibid., XXVI, pp. 221-223.
[Avant-propos mis par M. S. en tête de la série de ses articles sur Abravanel réunis en volume (cf. n° 49).]

52. *Bibliographie. Beth Yeouda, maison de Juda, par Isaac Beer Levinsohn. — Ibid., XXVI, pp. 445-448.

53. *Bibliographie. I. Inscription du tombeau dit de S. Jacques à Jérusalem, par M. F. de Saulcy. — Ibid., XXVI, pp. 404-407.

54. Obadia de Bertinoro. — Ibid., XXVI, pp. 627-637, 680-684, 764-770 et 816-819.

55. *Études asiatiques de Géographie et d'Histoire, par M. Léon de Rosny. — Ibid., XXVI, pp. 675-677.

56. *Bibliographie. Les Juifs de l'Occident et le Judaïsme moderne. Traduit de l'anglais, par J. Wertheimer. — Ibid., XXVI, pp. 867-868.

57. *Bibliographie. C. Frégier. Les Juifs algériens, leur passé, leur présent, leur avenir juridique, leur naturalisation collective. — Ibid., XXVI, pp. 914-916.

58. L'Isthme de Suez. — Revue orientale et américaine, X (1865), pp. 44-49.

59. Notes sur les Cafres. — Ibid., X (1865), pp. 117-126. — Signé : M. S.

60. Chronique orientale. Études sémitiques. — Ibid., X (1865), pp. 142-144.
[Signé : Mousa B. Sim'oun. — Sur les travaux de L. de Rosny, Munk, Barthélemy Saint-Hilaire, Oppert, Dozy.]

61. *Critique littéraire et bibliographie. Voyage en Terre-Sainte, par F. de Saulcy. — Ibid., X (1865), pp. 191-196. — Signé : Mousa B. Sim'oun.

62. Sur une médaille arabe portant un millésime suivant l'ère chrétienne. — Ibid., X (1865) pp. 197-200. — Signé : Mousa Ben-Sim'oun.

63. (Procès-verbaux des séances de l'Athénée oriental, des 23 Mars, 20 avril, 15 Juin, 3 Août et 28 Décembre 1865.) — Ibid., X, (1865), pp. 211-212, 274-276 et 327-339. —

5.

— Signé : le Secrétaire : Moïse Schwab.

1866.

64. Histoire des Israélites depuis l'édification du second Temple jusqu'à nos jours. — Paris, L. Blum, 1866 m-12, 312 p.

> [Rédigé à la suite de deux cours d'histoire par M. S. professés à l'institution israélite Rosenfeld, puis à l'institution Springer.]

65. Littérature orientale. — Feuilleton de l'Orient, Nᵒˢ du 29 Septembre, Octobre et Novembre.

> [6 articles, signés : le 1ᵉʳ Mousa ben Sim'oun, et les suivants : Mousa ebn Sim'oun et portant comme sous-titres : I. Des Karaïtes et de leurs travaux. — II. (Analyse de la préface de Munk au t. III de la traduction du Guide des égarés de Maïmonide) — III. Des Cunéiformes. — IV-V. Les Jardins de la Syrie. — VI-VII. Une Sépulture équivoque (la tombe de la prophétesse Hexldu).]

66. Obadia de Bertinoro. Archives israélites, XXVII, pp. 35-41, 173-179, 271-275 et 311-315.

> [Suite du Nᵒ 54. — Tiré à part sous le titre de : Voyages. Lettres d'Obadia de Bertinoro (1487-89). (Paris, au bureau des "Archives israélites, 1866 ; in-8°, 47 p.)]

67. * Bibliographie. Siège de Iotapata, épisode de la révolte des Juifs, 66-70 de l'ère vulgaire, par Auguste Parent. — Ibid., XXVII, pp. 130-132.

68. * Bibliographie. Traité des poisons de Maïmonide (XIIᵉ siècle), par le Docteur I.-M. Rabbinowicz. — Ibid., XXVII, pp. 178-179.

69. * Bibliographie. — Ibid., XXVII, pp. 309-310.

> [Sur les travaux de MM. I. Bernays et Mayer Cohn Bisstritz. Signé : M. S.]

70. * Bibliographie. Correspondance de Napoléon 1ᵉʳ. T. XVI et XVII. Isaïe ou le Travail, par M. Isaac Lévy. — Ibid., XXVII, pp. 497-501.

71. Un écrit français par Dohm et Mendelssohn. — Ibid., XXVII, pp. 641-643.

72. Histoire des Israélites. — Ibid., XXVII, pp. 766-770.

> [Reproduction de l'avant-propos du Nᵒ 64.]

73. * Bibliographie. Due discorsi in morte del professore Samuel-David Luzzatto, par M. le professeur Marco Tedeschi. — Ibid., XXVII, pp. 1004-1008.

74. Cours d'hébreu au Collège de France. — Ibid., XXVII, pp. 1083-1085.

> [Sur la leçon d'ouverture de Munk.]

1867.

75. Le Judaïsme contemporain. I. L'Alliance. — Feuilleton de l'Orient, Nᵒ de (?) Janvier. Signé : Soave.

76. * Littérature. Les derniers jours de Jérusalem, par F. de Sauley. — Archives Israélites, XXVIII, pp. 85-89.

77. Nécrologie. Salomon Munk. — Ibid., XXVIII, pp. 154-167.

78. Instruction secondaire israélite. — Ibid., XXVIII, pp. 330-331.

6.

[Sur l'institution L. Kahn, à Bruxelles.]

79 *Bibliographie. Reminiscenz an Munk, par Samuel Modlinger. — Ibid., XXVIII, pp. 424-426.

80. *Rapport sur la situation morale du Séminaire israélite de Paris. — Ibid., XXVIII, pp. 468-469.

81. Exposition Universelle de 1867. — Ibid., XXVIII, pp. 549-555 et 610-615.

[Participation des Israélites à l'Exposition.]

82. Maassé Niosim. — Ibid., XXVIII, pp. 560-568.

[Introduction réimprimée dans : Maassé Niosim, ou Questions de R. Daniel le Babli sur le livre des préceptes de Maïmonide adressées à R. Abraam Maïmoni et les réponses de ce dernier. Édition arabe accompagnée d'une traduction hébraïque par Beer Goldberg, précédée d'une introduction par Moïse Schwab. — Paris, impr. de A. Wittersheim, 1867, in-8°, 14 p. — Les ex. que nous avons vus ne comprennent que cette introduction.]

83. (Note sur la 3e édition de "Les Juifs en France, en Espagne et en Italie" de Bedarrides.) — Ibid., XXVIII, p. 575.

84. *Mission de Phénicie, dirigée par Ernest Renan. — Ibid., XXVIII, pp. 700-705.

85. Réorganisation du culte israélite en Algérie. — Ibid., XXVIII, pp. 925-928.

86. Nécrologie. Achille Fould. — Ibid., XXVIII, pp. 930-932.

87. Lettre pastorale adressée par le grand rabbin du Consistoire Central (Isidor) aux Israélites français. — Ibid., XXVIII, pp. 973-976 et 1020-1026.

88. Nécrologie. S. Rapoport. — Ibid., XXVIII, pp. 1038-1042.

89. *Littérature. Histoire d'Hérode, roi des Juifs, par F. de Saulcy. — Ibid., XXVIII, pp. 1089-1092.

90. Une Inscription à Gravecreek. — Revue archéologique. Nouvelle série, 8e année, XV (1867), pp. 130-144.

[Tiré à part (Paris, impr. de Pillet aîné, s.d.; in-8°, 15 p. fig.)].

1868.

91. Dissertatio inauguralis. Mendelssohn, sa vie et ses œuvres, son influence philosophique sur le Judaïsme moderne. Paris, impr. de A. Wittersheim, 1868, in-18, 34 p.

[Thèse de doctorat de l'Université d'Iéna.]

92. אסטוריה ד׳ לוס דז׳ודיוס Estoria de los Judios desde la fragua de la segunda casa Santa hasta nuestros dias, tresladado del frances possando (?) diversas notas. — Constantinople, Stamparia del Journal israelit, 5628 (= 1868), in-8°, 150 p.

[Titre en caractères Raschi dont on donne ici la transcription en caractères français. Traduction du N° 64. Cette traduction ne va que jusqu'à la fin du chapitre VII et finit en 1099.]

93. Mémoire sur l'ethnographie de la Tunisie. — Paris, Amiot, 1868, in-8°, 72 p.

7.

(*Mémoires couronnés par la Société d'ethnographie. T. I, partie I*).

94.   Limo lo Pahalâa, notice historique et ethnographique sur les districts de Kolontalo, de Limoto, de Boalemo et de Kattinggola avec leurs environs. — Actes de la Société d'ethnographie. Compte-rendu des séances, T. VI, 1867-1870. (Paris, 1872), pp. 105-112.

95.   *Bibliographie. Das Gesetz gottes ausser der Thora (La Loi divine en dehors de la Tôrâ), par le rabbin docteur Ad. Jellinek. — Archives israélites, XXIX, pp. 375-376.

96.   * Courrier littéraire. Manuel d'histoire ancienne de l'Orient, jusqu'aux guerres médiques, par François Lenormant. — Ibid., XXIX, pp. 569-571.

97.   Curiosités littéraires. — Ibid., XXIX, pp. 644-647 et 708-712.

   [Sur différentes pièces de la Bibliothèque nationale : pièce relative à Salomon Hesse, rapport de Vion sur les pétitions des Juifs de Paris (1790), lettre sur le "Messie Ephraïm", circulaire du consistoire de Metz (1818) ; la "Réforme politique des Juifs" de Dohm, etc...]

98.   (Lettre sur la participation des Israélites à l'Exposition du Hâvre) — — Ibid., XXIX, pp. 734-737.

99.   Mendelssohn et son influence sur le Judaïsme moderne. — Ibid., XXIX, pp. 746-751, 796-801, 895-902, 994-998 et 1042-1048. — Cf n° 91.

100.   Bibliographie. Sepher 'Helkath ha-Nikoud, par M. Moïse Cohen Reichersohn. — Ibid., XXIX, p. 767.

101.   Nécrologie. Vie, œuvres et obsèques du Baron James de Rothschild. — Ibid., XXIX, pp. 1076-1087.

102.   Manuscrits hébreux parisiens à Munich. — Ibid., XXIX, pp. 1139-1142.

1869.

103.   La Presse israélite paraissant tous les vendredis. 1re année. — Paris, 63, rue de Bretagne, 1869. in-4°, 832 colonnes.

   [Tous les N°s sont signés à la fin : Le Directeur-gérant : Moïse Schwab. M. Schwab expose le but du nouvel organe dans le 1er article du N° 1 intitulé "A nos lecteurs" (col. 1-3). En dehors des notes non signées ou signées R, il publie sur les événements du moment un Bulletin dans les N°s suivants : N° 6, 5 février, col. 81-86 (installation de M. Zadok Kahn, grand-rabbin ; congrès israélite de Pesth) = N° 8, 19 février, col. 114-119 = N° 9, 26 février, col. 130-135 (Israélites de Hongrie et d'Allemagne) = N° 11, 12 mars, col. 162-166 = N° 12, 19 mars, col. 178-184 (1re réunion de la Société des Amis de la science Juive) = N° 14, 4 avril, col. 211-214 (antisémitisme de R. de Mohl et de R. Wagner) = N° 17, 23 avril, col. 259-263 (les "Sternlose Nachte" de E. Glaser, traduites par Catulle Mendès) = N° 19, 7 mai, col. 291-296 = N° 21, 21 mai, col. 323-326 = N° 23, 5 juin, col. 345-359 = N° 25, 18 juin, col. 387-391 = N° 27, 2 juillet, col. 413-424 (l'antisémitisme de Maxime du Camp) = N° 29, 16 juillet, col. 455-459 (le mouvement pacifique) =.

n.° 31, 30 juillet, col. 483-489 = n.° 33, 13 Août., col. 515-519 (Juifs russes ; édit de 1784 sur les Juifs ; construction des temples parisiens) = n.° 35, 27 août, col. 547-552 = n.° 37, 10 septembre, col. 578-582 = n.° 38, 17 septembre, col. 593-599 = n.° 39, 24 septembre, col. 609-611 (installation de M. A. Lévy, rabbin de Lunéville) = n.° 42, 15 octobre, col. 657-663 = n.° 44, 29 octobre, col. 689-694 (La "République nouvelle" d'Al. Weill) = n.° 45, 5 novembre, col. 705-710 (Juifs algériens) = n.° 46, 13 novembre, col. 721-724 (Affaire Mortara; L. Veuillot) = n.° 47, 19 novembre, col. 736-741 (les abbés Lémann) = n.° 49, 4 Décembre, col. 771-775 (Uriel Acosta) = n.° 50, 11 Décembre, col. 785-790. Il faut y joindre les articles suivants signés M.S: Bibliographie "La Justice de Dieu, introduction à l'histoire des judéo-chrétiens" par Hippolyte Rodrigues (col. 78-79) = Ouvrages de M. Barzilai (col. 319-320) = Le Jahrzeit de M. de Rothschild (col. 727-728) = et une Revue de l'année, signée R (col. 817-822).]

1870.

104. Storia degli Ebrei dall'edificazione del secondo Tempio fino ai Giorni nostri, di Moïse Schwab, recata in italiano dal Prof. G. Pugliese. — Venezia, tip. di G. Longo, 1870. in-8°, 291 p.

    [Les pp. 7-9 sont réservées à une préface du traducteur et les pp. 11-17 à la préface de l'auteur.]

105. La Presse israélite paraissant tous les vendredis (2.° année). — Paris, 63, rue de Bretagne, 1870, in-4°, 572 colonnes.

    [Suite du n.° 103. — Les n.°s 37 et 38 (9 et 16 Septembre) portent comme adresse : "108, rue Amelot". Le n.° 38 est le dernier publié en 1870 : un avis placé en tête de ce numéro prévient les lecteurs que, le journal étant imprimé hors Paris (Senlis, impr. de A. Le Gallais et C.ie), " il se peut que la publication et l'expédition du prochain numéro souffrent de graves retards ". Tous les n.°s sont signés : Le Directeur gérant: Moïse Schwab. Un Bulletin signé du même nom se trouve dans les numéros suivants : n.° 2, 8 Janvier, col. 17-23 = n.° 3, 15 Janvier, col. 37-39 = n.° 5, 29 Janvier, col. 65-70 ("Les Ouvriers" d'E. Manuel) = n.° 8, 19 février, col. 113-119 (Statistique des Israélites français, congrès des Israélites de Hongrie; lord Mettlen) = n.° 9, 26 février, col. 129-132 (les Israélites suédois) = n.° 10, 4 mars, col. 145-150 = n.° 12, 18 mars, col. 181-184 = n.° 15, 8 avril, col. 225-230 (le grand-rabbin Meisel) = n.° 20, 13 mai, col. 287-291 = n.° 22, 27 mai, col. 319-322 = n.° 23, 3 Juin, col. 335-340 = n.° 26, 24 Juin, col. 367-371 = n.° 27, 1.er Juillet, col. 383-385 = n.° 28, 8 Juillet, col. 399-407 = n.° 29, 15 Juillet, col. 415-421 (cérémonies funéraires juives) = n.° 30, 22 Juillet, col. 431-436 (budget du culte) = n.° 34, 19 août, col. 494-501 (Ben Loew) = n.° 37, 9 septembre, col. 541-547.

9.

Outre les notes signées R., M. Schwab a rédigé les articles suivants :
Petite Revue. Le présent et l'avenir (col. 1-4) = Épitaphes prises
au Louvre (col. 54-55) = Nécrologie. Le Baron Nathaniel de
Rothschild (col. 133-135) = L'Eben-Toïm à Jérusalem (col. 138-
141) = Bibliographie. "Ma jeunesse", par Alexandre Weill (col. 330-
332) = Bibliographie. "L'École historique en Allemagne, par S.
Vainberg". "La Profession d'avocat en Prusse" (col. 394-396) = Les
Israélites d'Algérie (col. 445-447) = La Guerre et la religion
(col. 509-512).]

1871.

106. Traité des Berakhoth du Talmud de Jérusalem et du Talmud
de Babylone, traduit pour la première fois en français. — Paris,
Imprimerie nationale, 1871, in-4°, LXXVII-560 p.

[Ce volume forme le T.I de la Traduction du Talmud. L'Introduction indique le plan et l'étendue de ce travail. L'auteur entend
ne traduire désormais que le Talmud de Jérusalem. Il s'est assuré
le concours de rabbins et de savants compétents, en particulier de
M. Bankowski. En réalité, cette tentative de collaboration n'a pas
abouti et M. S. a continué seul la traduction du Talmud. Ce vol.
comprend deux parties, (Talmud de Jérusalem et Talmud de
Babylone) dont chacune est suivie d'une table des matières, —
d'un index des noms propres et d'une concordance des versets
bibliques. Les pp. 551-560 comprennent les additions et rectifica-
tions. — Cette introduction a été tirée à part. (Paris, impr. nationale, 1871, in-4°, 77 p.).]

107. La Presse israélite, paraissant tous les vendredis. — Paris, 108, rue
Amelot, 1871, in-4°, colonnes chiffrées 573-604.

[Suite du N° 105, comprend les N° 39 (24 février) et 40 (3 mars),
formant la fin du T. II de cet ouvrage. Les col. 603-604 comprennent la table de l'année 1870 et des N° de 1871. Le N° 39 débute
par un avis = A nos lecteurs = (col. 573-575) et comprend des
notes sur la vie israélite pendant le siège de Paris (col. 573-
578), continuées au N° 40 (col. 591-597). Un avis (col. 589-590)
annonce que la publication sera continuée en format in-8°.]

108. Presse israélite. 3° année. — Paris, 108, rue Amelot, 1871, in-8°,
80 p.

[Suite du N° 107. Tous les n° sont signés à la fin : Le Directeur-
Gérant : Moïse Schwab. Sous cette nouvelle forme, la collection de
ce périodique compte 5 n° (10 mars - 28 avril). Le N° 2 comprend
un Bulletin par M. Schwab, (pp. 17-22) et le N° 4 un article
intitulé : "L'Alsace et la Lorraine (pp. 49-54). Un avis inséré en

tête du n.° 5 annonce qu'à partir de la semaine suivante "la Presse israélite et la Revue israélite seront fondues en un seul journal qui prendra le titre de Revue israélite. Ce journal sera sous la direction de M. Moïse Schwab et aura pour rédacteur en chef, M. Isidore Loeb."]

109. Revue israélite paraissant tous les vendredis. 2.° année. — Paris, 108, rue Amelot, 1871, in-8.°, paginé 482-864.

[Cf. n.° 108. Tous les n.°° sont signés : Le Directeur gérant : Moïse Schwab. — Sous la même signature : n.° 42. Bibliographie. « ירע צרוף Zur Analyse der hebräischen Wörter auf Grund der primitiven Lautverbindungen und Bedeutung, insbesondere des y-Lautes, von M. I. Cohn." (pp. 662-664) = n.° 43 : Moïse Millaud (p. 759-760) = n.° 49 : Bibliographie. "L'Autriche-Hongrie, ses institutions et ses nationalités, par M. Daniel Lévy." (p. 777-778) = n.° 51-52 : Traduction française du Talmud de Jérusalem (Chapitre V de l'Introduction. Cf. n.° 106)(pp. 807-810 et 821-822).

1872.

110. Revue israélite paraissant tous les vendredis. 3.° année. — Paris, 108, rue Amelot, 1871-1872, in-8.°, 816 p.

[Suite du n.° 109. La 3.° année commence en réalité le 8 décembre 1871 pour finir le 27 décembre 1872. Tous les n.°° sont signés à la fin : Le Directeur-Gérant : Moïse Schwab. — Du même auteur, p. 184-185 : « Canzionere sacro di Ginda Levita "(compte-rendu) = p. 199-201 : La Paraschah, scène juive = p. 247-248 : Polémique religieuse (sur deux livres de W. Burnet et J. L. Vaïsse) = p. 276-278 : Chronique biblique = p. 389-391 : Publications de la Société littéraire. Les Juifs d'Espagne (945-1205) par le docteur H. Graetz, traduit de l'allemand par Georges Stenne = p. 468-471 : La Turquie et les Juifs Roumains = p. 502-504 : La Bible et l'archéologie = p. 645-647 : Des Racines hébraïques (non signé ; sur la "Clef de l'interprétation hébraïque", de M. E. de Campos Leyza) = p. 666-667 : Critique musicale. =]

1873.

111. Revue israélite paraissant tous les vendredis. 4.° année. — Paris, 108, rue Amelot, 1873, in-8.°, 528 p.

[Suite du n.° 110. Les n.° 23-34 portent « paraissant tous les quinze jours". Le n.° 34 (15 novembre 1873) annonce qu'à partir de ce jour la Revue israélite cessera de paraître. Tous les n.°° sont signés à la fin : Le Directeur-Gérant : Moïse Schwab. Du même, les articles suivants : p. 167-172 : Polémique religieuse (sur "Les Pagina catholiques chez les Juifs" de l'abbé E.-S. Dubois) = p. 247-248 : Union israélite au Brésil = p. 308-311 et 325-327 : Le Salon = p. 333-335. Arabes et Juifs au Moyen-Age = p. 406-407 : Le Mythe d'Imos.]

1874.

112. Bulletin bibliographique.—Actes de la Société philologique. T. IV, 1874, pp. 307-336.

   [En collaboration avec M. G. A. Barringer.]

113. Un manuscrit hébreu-parisien à Munich.—Publication de la Société d'ethnographie. Section Orientale. T. XVI. Congrès provincial des orientalistes français, compte-rendu de la session inaugurale. Levallois, 1874. (Paris, 1875 : in-8:), p. 54.

114. *Bibliographie. Kôl kôré (Vox clamantis), la Bible, le Talmud et l'Evangile, par le rabbin Elie Soloweyczik, traduit de l'hébreu par L. Wogue.—Annales de philosophie chrétienne, t. 86, (6e Série-, t. VII), p. 164.—Non signé.

115. Les premières civilisations.—Archives israélites, XXXIV, pp. 109-111.

   [Compte-rendu de l'ouvrage de François Lenormant.]

116. Symbolisme religieux.—Ibid., XXXV, pp. 237-239.

   [Sur une étude du Cte H. de Charencey : « De quelques idées symboliques se rattachant au nom des douze fils de Jacob".]

117. (Lettre sur l'"Histoire des Israélites").—Ibid., XXXV, p. 524.—Cf. n° 64.

118. Le monachisme Juif.—Ibid., XXXV, pp. 620-623.

   [A propos de "Moines et Sybilles dans l'antiquité Judéo-grecque", de F. Delaunay.]

119. Un Souvenir du vieux Paris.—Ibid., XXXVI, pp. 687-688.

   [Sur le miracle des Billettes.]

120. Lettre à M. Chabouillet, conservateur du Cabinet des Médailles, sur la numismatique des rois nabathéens de Petra, par M. F. de Saulcy.—Revue des questions historiques, 9e année, t. XVI, p. 290.

1875.

121. Bibliographie de la Perse. Paris, E. Leroux, 1875. in-8:, 152 p.

   [Extrait d'une Bibliographie orientale manuscrite (prix Brunet de l'Académie des inscriptions et belles-lettres.]

122. Monuments littéraires de l'Espagne.—Actes de la Société philologique, T. V, 1875, pp. 269-286.

123. Bulletin bibliographique 1874-1875.—Ibid., T. V, 1875, pp. 381-400.

   [Suite du N° 112. En collaboration avec M. G.-A. Barringer.]

124. *Mission de Phénicie, par E. Renan.—Archives Israélites, XXXVI, pp. 117-120. Cf. les n° 84 ss.

125. Un ambassadeur de France. (L'Evêque George de Selve) et R. Elie Lévita.

Ibid., XXXVI, pp. 280-281.

126. Le Berceau d'Israël à l'Exposition de Géographie. — Ibid., XXXVI, pp. 493-497.

127. *Bibliographie. De la Massora. — Ibid., XXXVI, pp. 625-626.
[Sur un travail de M. Kuenen.]

128. *Sametki iz poutchastivie po vostokou ego imperatoreskago visotchestva gosoudario velikago Kniasia Nicolas Nicolaievitcha Starschago w 1872 godou. (Compte-rendu du voyage en Orient de son Alt. impériale le grand-duc Nicolas en l'an 1872). — Polybiblion. Partie littéraire, 2e série, I, pp. 60-61.

129. L'Orient latin à l'Exposition de Géographie. — Ibid., 2e série, II, pp. 267-272.

130. *Catalog der Hebraica und Judaica aus der L. Rosenthal'schen Bibliothek bearbeit et von M. Roest (Catalogue des Hebraica et Judaica, tirés de la Bibliothèque de L. Rosenthal, rédigé par M. Roest). — Ibid., 2e série, I, pp. 520-521.

1876.

131. Linguistique. Quelques détails sur une bible en langue tartare. — Annales de philosophie chrétienne, t. 90 (6e série, t. XI), pp. 465-468.

132. Moïse et l'égyptologie. — Archives israélites, XXXVII, pp. 146-151.

133. (Lettre sur les Israélites de Caen en 1876). — Ibid., XXXVII, pp. 495-496.

134. *Histoire de la monnaie romaine, par Théodore Mommsen, traduite de l'allemand par le duc de Blacas et publiée par J. de Witte. — Polybiblion, Partie littéraire, 2e série, III, pp. 150-154.

135. *Dictionnaire arabe-français (langue écrite), par Auguste Cherbonneau. — Ibid., 2e série, III, pp. 223-225.

136. *Compte-rendu du congrès international des Américanistes, tenu à Nancy en 1875. — Ibid., 2e série, IV, pp. 148-150.

1877.

137. Des Points-Voyelles dans les langues sémitiques. — Actes de la Société philologique, t. VII, 1877, pp. 165-212.
[Tiré à part (Saint-Quentin, impr. de J. Moureau, s.d., in-8°, 48 p. — Cf. n° 1.

138. *Traditions primitives: Job et l'Égypte. Le Rédempteur et la Vie future dans les civilisations primitives, par l'abbé Victor Ancessi. — Annales de philosophie chrétienne, t. 92, (6e série, t. XIII), pp. 231-236.

139. Les noms défigurés. — Archives israélites, XXXVIII, p. 53.
[Sur le nom de Zacuto.]

140. Des origines de la religion juive. — Ibid., XXXVIII, pp. 88-90.
[A propos des "Études historiques sur les religions, les arts, la

civilisation de l'Asie-Mineure", de J. Soury.]

141. * Vergleichende Grammatik der polnischen Sprache verglichen mis der deutschen und hebraischen, von doctem J.-M. Rabbinowicz.—Ibid., XXXVIII, pp. 692-694.

142. * Ha-schirim ascher li-schlomo, cantiques de Salomon Rossi X. Kres. Première partie : chants, psaumes et hymnes à 3, 4, 5, 6, 7 et 8 voix transcrits et mis en partition d'après l'original. (Venise, 1620), par S. Naumbourg. Deuxième partie : choix de madrigaux à 5 voix, transcrits d'après les deux éditions princeps. (Venise, 1600-1607), par Vincent d'Indy, publiés par S. Naumbourg.—Polybiblion.-Partie littéraire. 2ᵉ série, V, pp. 226-228.

1878.

143. Le Talmud de Jérusalem, traduit pour la première fois. Tome second. Traités Péa, Demaï, Kilaïm, Schebiith.—Paris, Maisonneuve, 1878. In-4°, XII — 436 p.

[Suite du N° 106. Les tables sont reportées au T. III. La concordance des versets bibliques se trouve aux pp. IX-XI. Une liste des mots étrangers insérés dans les Traités du T. II figure aux pp. 435-436 (mots grecs, latins, arabes).]

144-145. Littérature au moyen-âge. Histoire littéraire. La littérature rabbinique et la littérature chrétienne au moyen-âge. Elie del Medigo et sa famille, Pic de la Mirandole. Annales de philosophie chrétienne, t. 95 (6ᵉ série, t. XVI), pp. 356-371 et 424-437.—(Tiré à part sous le titre de : Elie del Medigo et Pic de la Mirandole. La littérature rabbinique et la littérature chrétienne au Moyen-âge. Elie del Medigo et sa famille, Pic de la Mirandole. (Argenteuil, impr. de P. Worms, s. d. in-8°, 32 p.)—Les pp. 29-32 comprennent une Notice sommaire sur Jean Pic de la Mirandole, signée A. B. (Augustin Bonetty).—Corrections à l'article de M. Jules Dukas, publié dans le Bulletin du bibliophile, XLII (1875) pp. 161-198, 321-348, 417-458 et 527-536, sous le titre de "Notes bio-bibliographiques sur un recueil d'opuscules très-rares, imprimés par Alde l'ancien en 1497 et incidemment sur le manuscrit N° 6508 du fonds latin de la Bibliothèque nationale.—Laurent Maioli, Elie del Medigo, Pic de la Mirandole."

146. Des libres penseurs.—Archives Israélites, XXXIX, pp. 369-371.

[A propos de "Jésus et les Évangiles" de J. Soury.]

147. Un souvenir du bon vieux temps.—Ibid., XXXIX, p. 418.

[Mentions relatives aux Juifs, d'après les extraits de la chronique parisienne du temps de Saint-Louis, publiés par M. Delisle (mém. de la Société de l'histoire de Paris, t. IV 1877. pp. 183-199).]

148. * Les Ex-voto du temple de Tanis à Carthage. Lettre à M. Fr. Lenormant sur les représentations figurées des stèles puniques de la Bibliothèque nationale,

...par M. Philippe Berger. — Polybiblion, Partie littéraire, 2ᵉ Série, VII, — pp. 160-161.

149. L'Exposition de la Bibliothèque nationale. — Ibid., 2ᵉ Série, VIII, pp. 359-365.

1879.

150. Le Talmud de Jérusalem traduit pour la première fois. Tome troisième. Traités Troumoth, Maasseroth, Maasser Schéni, Halla, Orla, Biccurim. — Paris, Maisonneuve, 1879, in-8°, IV-396 p.

[Suite des Nᵒˢ 106 et 143. La liste des mots étrangers se trouve à la p. IV; les tables communes aux T. II et III (sauf la concordance des versets bibliques), aux pp. 391-395.]

151. Le plus ancien manuscrit du Talmud. — Polybiblion. Partie littéraire, 2ᵉ Série, IX, pp. 547-548. Signé : Sch.

152. Le Temple de Jérusalem. — Ibid., 2ᵉ Série, X, p. 279.

[A propos de "Les Portes dans l'enceinte du temple d'Hérode" d'I. Loeb. — Signé : Sch.]

153. Épisode de l'histoire de Pologne au dix-septième Siècle. — Ibid., 2ᵉ Série, X, p. 443.

[A propos de "la Porte de la pénitence, élégie historique" de Gabriel fils de Josué, traduit par L. Wogue. — Signé : Sch.]

154. Un nom de l'Apocalypse restitué. — Ibid., 2ᵉ Série, X, p. 550.

[A propos de "Le Taxo de l'Assomption de Moïse", par M. I. Loeb. — Signé : Sch.]

155. Voyage ethnographique de Venise à Chypre, lettre d'Élie de Pesaro, datée de Famagouste, 18 Octobre 1563, traduite et commentée par Moïse Schwab. Revue de géographie, 3ᵉ année, V, pp. 206-228.

1880.

156. Une Statistique à réformer. Archives israélites, XLI, pp. 96-97, 114, 121-122 et 129-130.

[Statisque des Israélites français.]

157. Origine de l'histoire d'après la Bible. — Ibid., XLI, pp. 293-294.

158. (Lettre sur la prononciation portugaise). — Ibid., XLI, n. 340.

159. Nécrologie. F. de Saulcy. — Ibid., XLI, p. 373.

160. Société des études juives. — Polybiblion, Partie littéraire, 2ᵉ Série, XI, (t. 28), p. 183.

[Annonce de la fondation de la Société. — Signé : Sch.]

161. (Lettre sur les Collections géographiques de la ville de Munich.) Revue de géographie, 4ᵉ année, VII, pp. 227-228.

[A propos d'une visite au Haupt-Conservatorium de Munich,

au sujet de laquelle M. S. avait fait une communication au Congrès de géographie de Nancy (5 août 1880). Cf. Le Progrès de l'Est, N°. du 6 août 1880.]

1881.

162. Le Talmud de Jérusalem, traduit pour la première fois. Tome quatrième. Traités Schabbath et 'Eroubin. — Paris, Maisonneuve, 1881. In-4°; VIII - 312 p.

[Suite des N°s 106, 143 et 150. Le faux titre porte : Le Talmud de Jérusalem. IV. Section Moed. La liste des mots étrangers (grecs, latins, romans et arabes) se trouve aux pp. VII-VIII ; les tables aux pp. 308-312; la table onomastique est allégée des noms de Talmudistes trop fréquemment répétés. Les pp. 307-308 comprennent 2 notes additionnelles sur la musique et la géographie.]

163. Al Harizi et ses pérégrinations en Terre Sainte (vers 1217). — Archives de l'Orient latin, I, pp. 231-244. — Tiré à part (Gênes, impr. de l'Institut royal des Sourds-muets, 1881, gr. in-8°, 16 p.)

164. *Bibliographie. — Archives israélites, XLII, p. 53.

[Sur le Pentateuque de Lyon, publié par Ulysse Robert.]

165. (Lettre sur les "Monuments égyptiens de la Bibliothèque nationale", de M. E. Ledrain). — Ibid., XLII, p. 139.

166. *Histoire de la Bible et de l'exégèse biblique jusqu'à nos jours, par L. Wogue. — Bulletin de l'Athénée oriental, 1881, p. 111-112.

167. Les Incunables orientaux et la liturgie catholique. — Bulletin de l'Athénée oriental et Revue critique internationale, 1881, pp. 199-209.

168. Le Sénégal et le Sahara. — Revue de géographie, 4e année, VIII, pp. 39-43.

169. Les Incunables hébreux. — Revue des études juives, III, pp. 75-93.

170. *Bibliographie. Pentateuchi versio latina antiquissima e codice Lugdunensi. Version latine du Pentateuque antérieure à Saint Jérôme, publiée d'après le manuscrit de Lyon, avec des fac-similés, des observations paléographiques, philologiques et littéraires sur l'origine et la valeur de ce texte par Ulysse Robert. — Univers israélite, XXXVI, pp. 465-468.

1882.

171. Le Talmud de Jérusalem traduit pour la première fois. Tome cinquième. Traités Pesahim, Yôma et Schequalim. — Paris, Maisonneuve, 1882, in-4°, IV - 332 p.

[Suite des N°s 106, 143, 150 et 162. — Une liste des mots étrangers se trouve à la p. IV, des notes additionnelles aux pp. 323-324, les errata à la p. 323 et les tables aux pp. 325-332.]

16.

172. Jacob Rodrigues Pereire. — Archives israélites, XLIII, pp. 60-61.
173. (Lettre sur une statue d'Aron et un manuscrit hébreu à Tours). Ibid,
XLIII, pp. 127-128.
174. Les nouveaux cours du Louvre. — Ibid., XLIII, pp. 416-417.
175. Les Incunables orientaux, rapport sur une mission littéraire en
Bavière et en Wurtemberg. — Bulletin du bibliophile et du bibliothécaire,
1882, pp. 193-209, 245-277, 368-405, 437-469.
176. Un Vase judéo chaldéen de la Bibliothèque nationale. — Revue
des études juives, IV, pp. 165-172.
[En collaboration avec M. E. Babelon.]
177. Une Consultation inédite. — Ibid., V, pp. 108-112.
[Sur la répudiation. Voyez quelques notes additionnelles, ibid.,
p. 315.]
178. Manuscrits hébreux de Bâle. — Ibid., V, pp. 250-257.

1883.

179. Le Talmud de Jérusalem, traduit pour la première fois. Tome
sixième. Traités Soucca, Rosch ha-Schana, Taanith, Meghilla Haghiga,
Moëd Katon. — Paris, Maisonneuve, 1883. In-4°, IV-356 p.
[Suite des Nᵒˢ 106, 143, 150, 162 et 171. — Ce tome comprend en outre
le Traité Beça, dont le nom ne figure pas sur le titre. La liste
des mots étrangers est à la p. IV, les tables aux pp. 347-356.]
180. Littérature biblique. — Archives israélites, XLIV, pp. 100-101.
[Sur "La Genèse", traduction d'après l'hébreu par F. Lenormant.]
181. Les Incunables orientaux, rapport sur une mission littéraire en
Bavière et en Wurtemberg. — Bulletin du bibliophile et du bibliothécaire,
1883, pp. 241-265.
[Suite du Nᵒ 175. Tiré à part avec ce Nᵒ sous le titre de : Les Incunables
orientaux et les impressions orientales au commencement du XVIᵉ siècle, —
rapport à M. le Ministre de l'Instruction Publique sur une mission en
Bavière et en Wurtemberg. (Paris, L. Techener, 1883. In-8°, 138 p.).]

1884.

182. L'Agrégation de philosophie et Maïmonide. — Archives israélites, XLV,
pp. 59-60.
183. Une conférence à Berlin sur les Juifs de France. — Ibid., XLV, pp. 117-118.
184. Un hébraïsme grec. — Revue d'assyriologie et d'archéologie orientale,
I, pp. 33-34.
[Sur le mot נסמך.]
185. Inscription juive du musée de Saint-Germain. — Revue des études juives,
VIII, pp. 137-138.
186. (Note additionnelle sur une édition de Paul Fagius, à propos d'un article de

M. Steinschneider de la Revue des études juives, V, p.57. — Ibid., VIII, p.332.

187. Une Élégie sur Joseph Caro. — Ibid., IX, pp. 304-305.

188. Aram et le Talmud. — Univers israélite, XXXIX, pp. 353-355.

1885.

189. (Notes pour la notice N° 239 [Pentateuque d'Eliezer Soncino, 1547] de la Bibliographie hellénique d'Emile Legrand [t. II, pp. 159-160].)

190. Le Talmud de Jérusalem, traduit pour la première fois. Tome septième. Traités Yebamoth et Sota. — Paris, Maisonneuve et Ch. Leclerc, 1885. In-4°, IV-352 p.
[Suite des N°s 106, 143, 150, 162, 171 et 179. La liste des noms étrangers se trouve à la p. IV, les notes supplémentaires aux pp. 345-346, les tables aux pp. 346-352.]

191. * Littérature. Contes étranges. Au-delà (de K. Moreau). — Archives israélites, XLVI, pp. 92-93.

192. (Lettre sur la communauté israélite de Boulogne-sur-Mer.) — Ibid., XLVI, pp. 244-245.

193. Beer Goldberg. — The Jewish Chronicle, June 5, 1885.

194. The Jews in England from 1182 to 1291. — Ibid., (december 18) 1885.
[Publie un acte de Jean-sans-Terre (1203).]

195. Une coupe d'incantation. — Revue d'assyriologie et d'archéologie orientale, I, pp. 117-119.
[Sur une coupe du Musée du Louvre (département des antiquités orien-tales).]

196. Documents pour servir à l'histoire des Juifs de France. — Revue des études juives, XI, pp. 141-149.
[Documents extraits des Archives du Ministère des Affaires étrangères: Lettre des Juifs de Constantinople aux Juifs d'Arles. — Assurances de Villaréal et Compagnie, de Marseille. — Juifs d'Alsace. — Juifs de Guyenne (1728). — Situation des Juifs en France au XVIII° siècle.]

197. Manuscrits hébreux de la Bibliothèque Mazarine. — Ibid., XI, pp. 158-159.
[La description des mss. 4472 et 4474-4478 a été reproduite par M. A. Molinier dans le Catalogue des manuscrits de la Bibliothèque Mazarine, III (Paris, Plon, 1890), pp. 360-361.]

198. Documents pour servir à l'histoire des Juifs d'Angleterre. — Ibid., XI, pp. 266-269.
[Inventaire de pièces conservées au British Museum; au Public Record Office et à Westminster-Abbey.]

199. Un problème massorétique. — Univers israélite, XL, pp. 608-609.

200. Nota sugli Ebrei a Roma nel 1566. — Il Vessilio israelitico, XXXII, (1884) p. 12-13.

201. Epistola inedita a nostro signore papa Pio V. — Ibid., XXXIII (1885) pp. 54-56.

[*Publié par M. S. Suite du N° 200.*]

1886.

202. Le Talmud de Jérusalem, traduit pour la première fois. Tome huitième. Traités Kethouboth, Nedarim, Guittin. — Paris, Maisonneuve et Ch. Leclerc, 1886. In-4°, IV–300 p.

[Suite des N° 106, 143, 150, 162, 171, 179 et 190. La liste des termes grecs et latins se trouve à la p. IV et les tables aux pp. 289–300.]

203. The Talmud of Jerusalem, translated for the first time. Vol. I. Berakhoth. — London, Williams and Norgate, 1886, In-4°, IV–188 p.

[Cf. n° 106. — Seul vol. paru.]

204. Nos plus anciens cimetières. — Archives israélites, XLVII, p. 4.

[Cimetières israélites de Paris.]

205. * Bibliographie. Au-delà. Nouveaux contes étranges (de K. Moreau). — Ibid., XLVII, pp. 190–191. — Voir N° 191.

206. Prétendu achat d'un Zohar par l'empereur Napoléon Ier. — Ibid., XLVII, p. 414.

207. Une Page de Comptabilité de 1525 à 1528. — Revue des études juives, XII, pp. 116–117.

[Comptabilité d'un maître d'école israélite italien.]

208. Un Incunable hébreu. (Recueil de pièces imprimé en 1488. Bibliothèque nationale. Res. p. Z. 162). — Ibid., XII, pp. 119–120.

209. Le Commentaire de R. David Qamhi sur les Psaumes. — Ibid., XIII, pp. 295–296.

[ms. de la bibliothèque de Soissons.]

210. Un Manuscrit hébreu de la bibliothèque de Melun. — Ibid., XIII, pp. 296–300.

211. Un problème massorétique. — Univers israélite, XLI, pp. 305–306. — Suite du N° 199.

212. A propos de la conférence de M. Dreyfus (Sur le Juif au théâtre). — Ibid., XLI, pp. 395–396.

[A propos d'une lettre de Mendelssohn sur les "Juifs", comédie de Lessing.]

213. Un recueil italien inédit. — Ibid., XLI, pp. 640–641.

[A propos d'un vol. de la bibliothèque du prince Czartoryski.]

1887.

214. (Note pour la Vie de la mère de Sapor, roi des Perses). — Acta sanctorum Novembris, T. I, p. 453.

215. Le Talmud de Jérusalem, traduit pour la première fois. Tome neuvième. Traités Guittin (fin), Nazir, Quidouschin. — Paris, Maisonneuve et Ch. Leclerc, 1887. In-4°, IV–300 p.

[Suite des N°s 106, 143, 150, 162, 171, 190 et 202. La liste des mots grecs et latins est à la p. IV et les tables aux pp. 291-300.]

216. Un Bas-relief de la Renaissance. — Revue archéologique, 3e Série, X, 1887, pp. 338-342.

[Communication faite à l'Académie des inscriptions et belles-lettres, le 29 Avril 1887, au sujet d'une pierre tombale du cimetière de Guerville, près Mantes.]

217. (Note sur une version judéo-allemande du Pentateuque). — Revue des études juives, XV, p. 159.

218. Trois inscriptions hébraïques de Mantes. — Ibid., XV, pp. 295-298.

[Communication faite à l'Académie des inscriptions le 14 Octobre 1887.]

1888.

219. Monuments littéraires de l'Espagne. — Paris, Maisonneuve et Ch. Leclerc, 1888, In-8°, 30 p.

[Tiré à 50 exemplaires numérotés. — Cf. n° 122.]

220. Le Talmud de Jérusalem, traduit pour la première fois. Tome dixième. Traités Baba Qamma, Baba Mecia', Baba Bathra, Sanhédrin (I-VI). — Paris, Maisonneuve et Ch. Leclerc, 1888. In-4°, IV-300p.

[Suite des N°s 106, 143, 150, 162, 171, 179, 190, 202 et 215. La liste des mots étrangers se trouve aux pp. III-IV, les notes supplémentaires aux pp. 284-288 et les tables aux pp. 289-300.]

221. (Lettre sur une inscription hébraïque d'Orléans). — Archives israélites, XLIX, p. 158.

222. A talmudic question to prof. J. Oppert. — The Babylonian and oriental record, Vol. II, N° 12 (novembre 1888), p. 292.

223. Le Magré Dardequé. — Revue des études juives, XVI, pp. 253-268; XVII, pp. 111-124 et 285-298.

224. (Rectification à l'article de A. Neubauer sur l'inscription tumulaire d'Orléans. — Revue des études juives, XVI, pp. 279-282). — Ibid., XVII, p. 318.

225. Autre curiosité. — Univers Israélite, pp. 210-211.

[Extrait de l'article de M. S. sur le Magré Dardequá, paru dans la Revue des études juives. cf. n° 223.]

1889.

226 Le Talmud de Jérusalem, traduit pour la première fois. Tome onzième et dernier. Traités Sanhédrin (fin), Makkoth, Schebouth, Aboda Zara, Horaioth, Niddah. — Paris. Maisonneuve et Ch. Leclerc, 1889. In-4°, IV-312 p.

[Suite des N.os 106, 143, 150, 162, 171, 179, 190, 202, 215 et
220. Les pp. III-IV comprennent un avant-propos et la liste
des termes grecs et latins, et les pp. 304-312, les diverses tables.
"La présente œuvre, dit l'avant-propos, est enfin arrivée à son
terme, malgré ses difficultés et ses longueurs fastidieuses; il ne
reste qu'à donner les tables générales de l'ouvrage entier, ainsi
qu'une vue d'ensemble, peut-être aussi une série d'errata."]

227. Actualités. — Archives israélites, L, p. 264.

[Sur M. Guillaume Beer et les Israélites de Rueil.]

228. Le Magré Dardequé. — Revue des études juives, XVIII, pp. 108-117.

[Suite et fin du N.o 223. — Tiré à part avec le N.o 223, sous le titre
de : Magré Dardequé, dictionnaire hébreu-italien de la fin du XIVe
siècle, reconstitué selon l'ordre alphabétique italien et transcrit
par Moïse Schwab. Essai lu à l'Académie des inscriptions et belles-
lettres le 21 juillet 1888. (Paris, A. Durlacher, 1889. In-8°, 36 p.).]

1890.

229. (Notes de cartographie, extraites de la Bibliographie de la Palestine,
manuscrit de M. S. déposé en 1874 à la Bibliothèque de l'Institut
(prix Brunet, 1re médaille), et incorporées par Reinhold Röhricht
dans sa Bibliotheca geographica Palaestinæ (Berlin, H. Reuter, 1890;
in-8°).)

[Voyez la Préface de Röhricht, pp. VII, VIII et X.]

230. Le Talmud de Jérusalem, traduit pour la première fois. Introduction
et tables générales. — Paris, J. Maisonneuve, 1890. In-4°, CLXXII p.

[Suite des N.os 106, 143, 150, 162, 171, 179, 190, 202, 215, 220 et
226. Nouvelle édition un peu modifiée de l'Introduction du Traité
des Berakoth (N.o 106), suivie d'une table générale des matières
(pp. XCIII-CXXXV), d'un index des noms propres (pp. CXXXV-CLI),
d'un répertoire des passages bibliques (pp. CLI-CLXXI) et d'une liste
des mots grecs et latins figurant au traité Berakoth (p. CLXXII).]

231. Le Talmud de Jérusalem, traduit pour la première fois. Introduction
et tables générales. Tome premier (nouvelle édition). Traité des Berakhoth.
— Paris, J. Maisonneuve, 1890. In-4°, CLXXII-176 p.

[Ce Vol. comprend : 1° l'Introduction et les Tables telles qu'elles
sont décrites sous le N.o précédent (même tirage)-2° une nouvelle édition de la 1re partie du N.o 106 relative au Talmud de Jérusalem.]

232. Les Origines Juives de la franc-maçonnerie. — Annuaire des Archives
israélites, VII, pp. 61-64.

233. Les Israélites en Roumanie. — Archives israélites, LI, pp. 292-293.

[Double d'une lettre adressée à la Revue de Géographie (N.o 237).]

234. (Lettre relative à un article de la Revue de géographie sur les Juifs de

Roumanie). — *Ibid.*, LI, p. 366. — Cf. n.° 233.

235. Le Musée Judaïque au Louvre. — *Ibid.*, LI, pp. 397-398.

236. Les Coupes magiques et l'hydromancie dans l'antiquité orientale. — *Proceedings of the Society of biblical archaeology*, XII, pp. 292-342.

[Communication faite à l'Académie des inscriptions et belles-lettres les 3 août 1883 et 25 Septembre 1885. — 4 des planches qui accompagnent cet article sont rejetées à la fin du volume, après la p. 472.]

237. Lettre relative aux Juifs de Roumanie. — *Revue de géographie*, 13.° année, t. XXVII, pp. 382-383. — Cf. n.° 233.

238. (Rectification à l'article de H. Graetz sur le "But réel de la Correspondance échangée vers la fin du XV.° siècle entre les Juifs Espagnols et Provençaux et les Juifs de Constantinople" dans *Revue des études juives*, XIX, p. 106). — *Revue des études juives*, XX, p. 160.

239. Inscriptions hébraïques à Issoudun et à Senneville. — *Ibid.*, XX, pp. 253-260.

240. (Lettre sur deux médailles de la collection Strauss.) — *Univers Israélite*, XLVI, pp. 203-204.

1891.

241. (Lettre sur les coupes avec inscriptions magiques de Cannes). — *Archives israélites*, LII, p. 14.

242. (Lettre sur la communauté de Nice). — *Ibid.*, LII, p. 52.

243. Bibliothèque Carl de Rothschild. — *Ibid.*, LII, p. 140.

244. La Poésie dans la Bible. — *Ibid.*, LII, pp. 157-158.

[A propos d'une conférence de M. A. Réville.]

245. (Lettre sur des monuments d'archéologie babylonienne conservés au Musée de Winterthur). — *Ibid.*, LII, p. 190.

246. (Lettre sur la communauté de Zurich). — *Ibid.*, LII, pp. 197-198.

247. Hommage à un savant israélite français (Joseph Derenbourg). — *Ibid.*, LII, pp. 278-279.

248. La Collection Strauss au Musée de Cluny. — *Gazette des beaux-arts*, 1891, pp. 237-245.

249. Coupes à inscriptions magiques. — *Proceedings of the Society of biblical archaeology*, XIII, pp. 583-595.

[Lecture faite à l'Académie des inscriptions les 20 mars et 19 Juin 1891. Suite du N.° 236. — Tiré à part avec une double pagination, 53-65 et 583-595. (London, printed by Harrison and sons, s. d.; in-8.°).]

250. Itinéraire juif de Tolède en Chine au IX.° siècle. — *Revue de géographie*, 14.° année, XXVIII, pp. 443-447, et XXIX, pp. 53-58, 135-137, 230-233 et 291-293.

251. Une Inscription hébraïque. — *Revue des études juives*, XXII, p. 294.

[Sur une inscription trouvée à Volubilis (Maroc).

252. (Note sur le sens du mot הפטורים.) — Ibid., XXII, p. 318.
253. Les médailles de la collection Strauss. — Ibid., XXIII, pp. 136-138.
254. Une gravure satirique. — Ibid., XXIII, pp. 313-314.
        [Sur la truie de Wittemberg.]
255. Le Talmud et les Bollandistes. — Univers israélite, XLVI, pp. 494-495.
        [Sur Ifra Hormud, mère de Sapor II. — Cf. N°214.]

1892.

256. Un écrivain provençal au XIII° siècle. — Annuaire des Archives israélites, IX, pp. 47-51.
        [Sur Meschullam, fils de Moïse ben Juda.]
257. Deux patriotes. — Archives israélites, LIII, pp. 85-86.
        [A propos d'une statue de Moïse par Mad.° Elisa Bloch.]
258. La Haggadah de la Bibliothèque nationale à Paris. — Ibid., LIII, pp. 124-125.
        [Extrait d'un article du Journal asiatique. Cf. N°261.]
259. Un point d'histoire. — Ibid., LIII, p. 190.
        [A propos d'Isidore Loeb et de la rédaction de la Presse juive et de la Revue israélite. Cf. N°108.]
260. Nécrologie. Senior Sachs. — Ibid., LIII, p. 374.
261. Un manuscrit hébreu de la Bibliothèque nationale à Paris. — Journal asiatique (8° Série, XIX) (1892, t. I) pp. 172-185.
        [Sur le ms. 1333 hébreu de la Bibliothèque nationale (Haggada pascale du XIV° Siècle).]
262. *Dictionnaire hébreu-français, par Marchand Ennery, 2° édition. — Glossarium graeco-hebraeum, oder die griechische Woerterschatz der jüdischen Midraschwerke, ein Beitrag zur Kultur u. Alt.=humskunde, von D.° Jul. Fürst. — Journal asiatique, 8° série, XIX (1892, t. I), pp. 375-376.
263. Deux Vases Judéo-babyloniens. — Revue d'assyriologie et d'archéologie orientale, II, pp. 136-142.
        [Dédié à M. J. Derenbourg, à l'occasion du 80° anniversaire de sa naissance.]
264. A Monsieur Ludovic Drapeyron. — Revue de géographie, 15° année, XXX, pp. 224-225.
        [Lettre du 10 février 1892 relative aux critiques de M. Neubauer sur l'Itinéraire juif de Tolède en Chine (N° 250).]
265. (Lettre du 30 avril 1892 au Directeur de la Revue de Géographie, relative aux critiques de M. A. Neubauer sur l'Itinéraire juif de Tolède en Chine (N° 250)). — Ibid., 15° année, XXX, pp. 468-469.
266. Les manuscrits hébreux de Zurich. — Revue des études juives, XXIV, pp. 155-159.

267. Une supplique de la communauté de Rome à Pie V. — Ibid., XXV, pp. 113-116. — Cf. N°s 200-201.

268. *Le Blant (Edmond). Nouveau recueil d'inscriptions chrétiennes de la Gaule antérieures au VIII° Siècle. — Ibid., XXV, pp. 158-160.

269. Un Rituel hébreu manuscrit à Cambrai. — Ibid., XXV, pp. 250-254.

270. Médailles et amulettes à légendes hébraïques conservées au Cabinet des Médailles et Antiques de la Bibliothèque nationale. — Revue numismatique, 3° Série, X, pp. 241-258.

1893.

271. Une fausse antiquité hébraïque à la Bibliothèque nationale. — Archives israélites, LIV, p. 37.

272. Lettre sur la bibliothèque de l'Alliance israélite. — Ibid., LIV, pp. 237-238.

273. Un Épisode de l'histoire des Juifs d'Espagne. — Revue des études juives XXVI, pp. 281-283.
   [Fragment du ms hébreu 585 de la Bibliothèque nationale relatant l'enlèvement d'un enfant par des brigands (vers la fin du XIV° siècle).]

274. (Compte-rendu financier de la Société des études juives). — Ibid., XXVI, Actes, pp. I-IV.

275. (Note sur une cornaline du Cabinet des Médailles) — Ibid, XXVII, p. 317.

276. (Addition à l'article sur le Magré Dardequé, Revue des études juives, XVIII, p. 111 (N° 228)). — Ibid., XXVII, p. 317.

1894.

277. Encore quelques mots sur Jellinek — Archives israélites, LV, pp. 20-21.

278. (Lettre sur les mariages célébrés la veille de la fête de Souccoth). — Ibid., LV, p. 355.

279. Bibles anciennes. — Ibid., LV, p. 397.

280. Mots grecs et latins dans les livres hébreux. — Journal asiatique, 9° Série, IV (1894, t. II), pp. 565-568.

281. Rapport sur la situation financière à la fin de l'exercice 1893 (de la Société des études juives). — Revue des études juives, XXVIII, Actes, pp. XIV-XV.

1895.

282. Histoire des Israélites depuis l'édification du second Temple jusqu'à nos jours. Nouvelle édition. — Paris, A. Durlacher, 1895, In-18, 300 p.
   [Cf. le N° 64. — Édition remise à jour et complétée avec le concours de M. Israël Lévi.]

283. Transcription de mots européens en lettres hébraïques au moyen-âge. — Mélanges Julien Havet, recueil de travaux d'érudition dédiés à la mémoire de Julien Havet (1853-1893). (Paris, Leroux, 1895), pp. 517-324.

284. Juifs et païens. — Archives israélites, LVI, p. 163.
[A propos des Textes d'auteurs grecs et latins relatifs au judaïsme, de Th. Reinach.]

285. Victimes de l'Inquisition au XVIIᵉ siècle. — Revue des études juives, XXX, pp. 94-100.
[Analyse de 2 pièces imprimées de la Bibliothèque nationale (Rés. Oe 175 et 176) relatant des autodafés à Séville et Cordoue, en 1627.]

286. Notes de comptabilité juive au XIIIᵉ et au XIVᵉ siècle. — Ibid., XXX, pp. 289-294.
[Note lue à l'Académie des inscriptions et belles-lettres, le 10 avril 1895.]

287. (Compte-rendu financier de la Société des études juives). — Ibid., XXX, Actes, pp. I-III.

1896.

288. Bibliographie d'Aristote. Mémoire couronné par l'Institut de France (Académie des inscriptions et belles-lettres). — Paris, H. Welter, 1896. In-8º, 380 p.
[Autographié. — Ce travail, présenté à l'Académie des inscriptions et couronné par elle (concours Brunet) en 1882, a été complété et poursuivi jusqu'en 1890-1891.]

289. Les manuscrits hébreux de la Bibliothèque nationale. — Annuaire des Archives israélites, XIII, pp. 58-62. — Cf. Nº 301.

290. Aux Études juives. Séance annuelle. — Archives israélites, LVII, p. 36.

291. Un tableau honteux. — Ibid., LVII, pp. 75-76.
[Sur l'enfant Simon de Trente.]

292. La fille de Jephté à la Société asiatique. — Ibid., LVII, p. 93.

293. A la Société des Études juives. Une conférence (de M. V. Bérard). — Ibid., LVII, p. 174.

294. Les Juifs en France au moyen-âge. — Archives israélites, LVII, pp. 389-390.
[A propos de la Gallia judaïca de H. Gross.]

295 *La Bible. Pages choisies, par S. Karppe. — Journal asiatique, 9ᵉ série, VII (1896, t. I), p. 559.

296. Sur une lettre d'un empereur byzantin. — Ibid., 9ᵉ série, VIII, (1896, t. II), pp. 498-509.
[Sur les mots hébreux de la lettre apocryphe de Constantin v

25.

Copronyme à Charlemagne. — Tiré à part (Paris, impr. nationale, 1897. In-8°, 12 p.]

297. (Compte-rendu financier de la Société des études juives). — Revue des études juives, XXXII. — Actes, pp. VI – VIII.

298. Une Inscription hébraïque sur camée (du cabinet des médailles). — Ibid., XXXIII, pp. 149 – 150.

299. (Note additionnelle à la bibliographie de J. Derenbourg, par W. Bacher, Revue des études Juives, XXXII, p. 1.) — Ibid., XXXIII, p. 160.

300. Le meurtre de l'enfant de chœur du Puy. — Ibid, XXXIII, pp. 277 – 282.

301. Manoscritti ebraici nella Biblioteca nazionale di Parigi. — Il vessilio israelitico, XLIV, pp. 225 – 226. — Cf. N° 289.

1897.

302. Vocabulaire de l'angélologie, d'après les manuscrits de la Bibliothèque nationale. Extrait des Mémoires présentés par divers savants à l'Académie des inscriptions et belles-lettres. 1ère série, tome X, 2e partie. — Paris, C. Klincksieck, 1897. In-4°, 318 p.

303. Inscriptions hébraïques en France, du VIIe au XVIe siècle. — Bulletin archéologique du Comité des travaux historiques et scientifiques, 1897, pp. 178 – 217. — Tiré à part (Paris, Impr. nationale, 1898 ; in-8°, 40 p. — fac similés).

304. Une Amulette hébraïque. — Bulletino de la Société des antiquaires de l'Ouest. T. VII (2e série), années 1895 – 1896 – 1897, pp. 516 – 517.

305. *Les Réflexions sur l'âme, par Bahya ben Joseph ibn Pakonda, traduit de l'arabe en hébreu, précédées d'un résumé et accompagnées de notes par Isaac Broydé. — Journal asiatique, 9e série, IX (1897, t. I), pp. 341 – 342.

306. *Gallia Judaica. Dictionnaire géographique de la France, d'après les sources rabbiniques, par H. Gross, traduit sur le manuscrit de l'auteur par Moïse Bloch. — Ibid., 9e série, IX (1897, t. I), pp. 343 – 344.

307. Transcription de mots grecs et latins dans les livres hébreux aux premiers siècles de J. C. — Ibid., 9e série, X (1897, t. II), pp. 414 – 444.

[Cf. N° 314. — Tiré à part (Paris, Impr. nationale, 1898 ; in-8°, 35 p.]

308. Un Rituel cabbalistique. (Ms. H. 152. A de la bibliothèque de l'Alliance israélite). — Revue des études juives, XXXIV, pp. 127 – 130.

309. *L'abbé E. Le Camus. Voyage aux sept églises de l'Apocalypse. — Ibid., XXXIV, pp. 159 – 160.

310. Les Inscriptions hébraïques de la France. — Ibid., XXXIV, pp. 301 – 304.

311. (Compte-rendu financier de la Société des études juives). — Revue des études juives, XXXIV, Actes, pp. VI – VIII.

312. זכרון בית דוד . — Ibid., XXXV, pp. 287–289.

   [Note lue à l'Académie des inscriptions et belles-lettres, le 22 Octobre 1897, sur l'abrégé d'histoire romaine par Abraham ben David de Tolède.]

313. Une Liste hébraïque de noms géographiques de l'Afrique du Nord. — Ibid., XXXV, pp. 306-307.

314. Mots grecs et latins dans les livres rabbiniques. — Semitic studies in memory of Rev. Dr. Alex. Kohut, (Berlin, 1897 ; gr. in-8°), pp. 514-542. — cf. n° 307.

315. Un "Salon" israélite. — Univers israélite, LII, t. I, pp. 666-669 et 700-703.

   [Signé : C.B. — A propos de l'exposition Alphonse Lévy.]

1898.

316. La meghillath Taanith ou "Anniversaires historiques". — Actes du onzième Congrès international des Orientalistes. Paris — 1897. 4e section. (Paris, Impr. nationale, 1898), pp. 199-259.

317. La religion universelle. — Archives israélites, LIX, . 69.

318. Etudes d'orientalisme. — Ibid., LIX, p. 110.

   [Sur l'"Iconographie symbolique des alphabets phénicien et italiote" de José A. Alvarez de Peralta.]

319. L'Ecclésiastique. — Ibid., LIX, pp. 142-143.

   [A propos de la publication de M. Is. Lévi : « L'Ecclésiastique ou la sagesse de Jésus fils de Sira. »]

320. Une Bible manuscrite de la Bibliothèque nationale (ms. hébreu 1314). — Revue des études juives, XXXVI, pp. 112-114.

321. (Compte-rendu financier de la Société des Etudes juives). — Ibid., XXXVI, Actes, pp. I-III.

322. Manuscrits du Supplément hébreu de la Bibliothèque nationale. — Ibid., XXXVII, pp. 127-136.

1899.

323. (Article dans la Grande Encyclopédie, t. XXXIV.)
   [Munk, Salomon (p. 560).]

324. Le ms. n° 1380 du fonds hébreu à la Bibliothèque nationale, supplément au Vocabulaire de l'Angélologie. — Tiré des "Notices et extraits des manuscrits de la Bibliothèque nationale et autres bibliothèques", tome XXXVI. — Paris. C. Klincksieck, 1899. In-4°; 50 p. — cf. n° 302.

325. Répertoire des articles relatifs à l'histoire et à la littérature juives

parus dans les périodiques de 1783 à 1898. I. Publié sous les auspices de la Société d'études juives. — Paris, Durlacher, 1899, in-8°; X-408 p.

[Autographie tirée à 150 exemplaires. La couverture imprimée sert de titre. — Une introduction (p. I-X) donne — avec, pour la plupart, les cotes de la Bibliothèque nationale, — la liste des périodiques ou publications assimilées qui ont été dépouillées pour ce répertoire, soit directement soit à l'aide de recueils périodiques étrangers ; elle indique ensuite le plan suivant lequel a été fait ce dépouillement. Cette première partie (pp. 1-408), comprend la liste alphabétique des auteurs. MM. I. Löw et F. Servi ont collaboré à ce travail pour trois recueils étrangers.]

326. Aux Études juives. — Archives israélites, LX, p. 94.
      [Conférence de M. O. Jacob sur les Juifs du Comtat-Venaissin.]

327. Aux Études juives. Juda Halévi. — Ibid., LX, p. 161.
      [Conférence de M. Julien Weill.]

328. (Lettre sur le Congrès des Orientalistes de Rome.) — Ibid., LX, p. 336.

329. Salies-de-Béarn. — Revue de géographie, 22e année, XLIV, pp. 46-52.

330. Le Douzième Congrès international des orientalistes. Rome, 1899. — Ibid., 23e année, XLV, pp. 380-384.

331. Inscriptions hébraïques en France (nouvelle série). — Revue des études juives, XXXVIII, pp. 242-250.

332. (Compte-rendu financier de la Société des études juives). — Ibid., XXXVIII, Actes, pp. IV-V.

1900.

333. (Articles dans la Grande Encyclopédie, t. XXVI.)
      [Perles, Joseph (p. 319). — Petahia de Ratisbonne (p. 514) — Philippson, Louis (p. 689).]

333 bis. Répertoire des articles relatifs à l'histoire et à la littérature juive parus dans les périodiques de 1783 à 1898. II-III. — Paris, Durlacher, 1900. In-8°, paginé 409-602.
      [Suite du n° 325. Contient la table alphabétique des matières renvoyant à tous les auteurs ayant traité de ces matières et la table des mots hébreux et titres judéo-allemands du Répertoire.]

334. Salomon Munk, Membre de l'Institut, professeur au Collège de France, sa vie et ses œuvres. — Paris, E. Leroux, 1900. In-18, 236 p.
      [M. S. fut à partir d'octobre 1858 le secrétaire de Munk, devenu aveugle et prit une part très active à la publication des T. II (1861) et III (1866) de sa traduction du "Guide des Égarés". Dans la préface du T. III,

Munk faisait "ressortir les services" rendus par son secrétaire : «Il a acquis, disait-il, les titres les plus incontestables à ma reconnaissance et à celle des hommes de science qui s'intéressent à cette publication" (Le Guide des égarés, traité de théologie et de philosophie, par Moïse Ben Maïmoun. III, p. XII.)]

335. Des Versions hébraïques d'Aristote. — (S. l. n. d.). In-8°, VII p. — Extrait des Mélanges D. Kaufmann.

336. Aux Etudes juives. Joseph Salvador et James Darmesteter. — Archives israélites, LXI, p. 36 (456) [1]

    [Conférence de M. Carra de Vaux.]

[1] La pagination entre parenthèse indique la pagination imprimée par erreur.

337. Aux Etudes juives. — Ibid., LXI, pp. 75-76.

    [Conférence de M. S. Reinach sur l'Inquisition et les Juifs.]

338. Un Cours de religion. — Ibid., LXI, p. 85.

    [Cours de M. Mayer Munk à Lemberg.]

339. * Bibliographie. — Ibid., LXI, p. 102.

    [Sur les "Premiers éléments de Grammaire hébraïque", de M. Mayer Lambert.]

340. Aux Etudes juives. — Ibid., LXI, pp. 107-108.

    [Conférence de M. Sabatier sur la philosophie de l'histoire et l'apocalypse juive.]

341. Des premières impressions hébraïques. — Ibid., LXI, pp. 227-228 (327-328.)

342. Au Congrès de l'histoire des religions. — Ibid., LXI, p. 289 (899).

343. Echos de la Suisse. — Ibid., LXI, p. 334.

    [A propos de la mort de M. Bernard Simon, créateur de la Station de Ragatz.]

344. Aux Etudes juives. Napoléon Iᵉʳ et les Juifs. — Ibid., LXI, p. 403.

    [Conférence de M. Sagnac.]

345. Inscriptions hébraïques d'Arles. — Revue des études juives, XL, pp. 74-80.

346. Trois Lettres de David Cohen de Lara. — Ibid., XL, pp. 95-98.

347. (Compte-rendu financier de la Société des études juives). — Ibid., XL, Actes, pp. V-VII.

348. Notes hébraïques de Comptabilité du XIIIᵉ siècle. — Ibid., XLI, pp. 149-153.

349. Version hébraïque d'un ouvrage médical perdu. — Ibid., XLI, pp. 153-154.

    [Sur un traité de la corruption de l'air et de la peste, par Jean de Bourgogne, traduit par Benjamin ben Isaac de Carcassonne.]

350. Quelques notes sur la Meghillat Taanit. — Ibid., XLI, pp. 265-268.

1901.

351. (Articles dans la Grande Encyclopédie).
[Sabbataï Zwi (t. XXIX, p. 4) — Sulzer, Salomon (t. XXX, p. 711-712.]

352. (Articles signés M. S. dans The Jewish Encyclopedia. Vol. I. (New-York and London, Funk and Wagnalls company, 1901; in-4°).)
[Agde (p. 230) — Agen (p. 232) — Aire (p. 299) — "L'Antijuif" (p. 629-630.]

353. *Deux livres d'histoire juive. — Archives israélites, LXII, pp. 5-6.
[A propos de "Juda Maccabée, suivi de R. Akiba", de M. Emmanuel Weill, et des "Œuvres complètes de Flavius Josèphe, traduites en français sous la direction de Th. Reinach, par M. Julien Weill", t. I.]

354. Aux Études juives. — Ibid., LXII, pp. 42-43.

355. *Carnet bibliographique. — Ibid., LXII, p. 83. [Sur la "Grammaire hébraïque", de l'abbé A. Chabot.]

356. Aux Études juives. — Ibid., LXII, p. 101.
[Conférence de M. Martin Philippson sur Louis Philippson.]

357. Le Collège rabbinique de Rome. — Ibid., LXII, p. 134.

358. Vestiges israélites en Bretagne. — Ibid., LXII, p. 147.

359. *Carnet bibliographique. — Ibid., LXII, p. 318.
[A propos de "Sabbath-Freuden", d'Eskari.]

360. Notes sur Al-Harizi. — Journal asiatique, 9e série, XVII (1901, t. I), pp. 158-163.

361. En pays wallon. — Le Mouvement scientifique, 17e année, N° 34 (14 Septembre 1901), p. 190. — Signé : Seb. Mohissan.

362. Une Bible manuscrite de la Bibliothèque de Besançon. — Revue des études juives, XLII, pp. 111-118.

363. Un secrétaire de Raschi. — Ibid., XLII, pp. 273-277.

364. (Compte-rendu financier de la Société des études juives.) — Ibid., XLII, Actes, pp. III-V.

365. Inscriptions hébraïques en Bretagne. — Ibid., XLIII, pp. 117-122.

1902.

365 bis. Le Talmud de Jérusalem, traduit pour la première fois. Tome second. Traités Péa, Demaï, Kilaïm, Schebiith. — Paris, J. Maisonneuve, 1902. In-8°, VI-441 p.
[Réimpression anastatique du N° 143. La p. 441 porte : Anastatischer Druck von A. Dannenberg, Berlin, N. La note supplémentaire et la concordance des versets bibliques qui dans le N° 143 occupaient les pp. VIII-XI constituent dans cette réimpression les pp. 436-439. La liste des mots étrangers qui occupaient les pp. 435-436 constituent dans cette réimpression les pp. 440-441. La préface

a été modifiée.]

365ter. Le Talmud de Jérusalem traduit pour la première fois. Tome troisième. Traités Troumoth, Maasseroth, Maasser Schéni, Halla, Orla, Biccurim. _ Paris, J. Maisonneuve, 1902. In-8°, IV-396 p.

[Réimpression anastatique du N° 150. La dernière p. porte : Anastatischer Druck von A. Dannenberg, Berlin, N. Cette réimpression ne diffère du N° 150 que par l'insertion après la p. IV d'un f. non chiffré comprenant les errata.]

366. (Articles signés M. S. dans The Jewish Encyclopedia, Volume II. _ (New York and London, Funk and Wagnalls Company, 1902; In-4°)).

[Bailly Jean-Sylvain (p.455) _ Baratier, Jean-Philippe (p.523) _ Barfat (p.533) _ Bargès, Jean Joseph Léandre (p.533-534) _ Baruch de Digne (p.558-559) _ Basnage, Jacob Christian (579-582).]

367. (Articles signés M. S. dans The Jewish Encyclopedia. Volume III. _ (New York and London, Funk and Wagnals Company, 1902. In-4°)).

[Benjamin b. Isaac of Carcassonne (p.23) _ Bérenger of Narbonne (p.56) _ Bernard of Gordon (p.89) _ Besançon (p.110-111) _ Bibliothèque nationale (p.205-207) _ Bloch, Julienne (p.254-255) _ Bomberg, Daniel (p.299-300) _ Bonafos or Bonfis Vidal (p.300-302) _ Bondavi (Su) (p.303) _ Bourges (p.343-344).]

368. (Chroniques d'actualité relatives à des évènements intéressant les Israélites parues hebdomadairement à partir du mois d'Août dans le Jewish Comment, vol. XVII (Baltimore, 1902-1903; in-fol.)).

369. Le Manuscrit hébreu N° 1388 de la Bibliothèque nationale (une haggadah pascale) et l'iconographie juive aux temps de la Renaissance. Tiré des «Notices et extraits des manuscrits de la Bibliothèque nationale et autres bibliothèques», tome XXXVIII. _ Paris, Impr. nationale, 1902. In-4°, 25 p. et 6 pl. comprenant 43 fig.

370. Aux Études juives. _ Archives israélites. LXIII, p. 51.

[Compte-rendu de l'Assemblée Générale de la Société.]

371. *Bibliographie. L'Ecclésiastique ou la Sagesse de Jésus fils de Sira. _ Ibid., LXIII, p. 108.

[A propos du travail de M. Israël Lévi.]

372. (Lettres sur le XIIIe Congrès des Orientalistes à Hambourg. _ Ibid., LXIII, pp. 284 et 291.

373. Variété. _ Ibid., LXIII, p. 318.

[Sur l'origine israélite de M. Monis, ancien Garde des Sceaux, à propos du livre de G. A. Kohut. «Ezra Stiles and the Jews».]

374. *Histoire de la littérature juive, d'après G. Karpelès, par M. Isaac Bloch et Émile Lévy. _ Journal asiatique, 9e série, XIX (1902, t. I), pp. 179-182.

375. Du Folklore de l'Orient. _ Ibid., 9e série, XIX (1902, t. I) pp. 536-54.

376. (Compte-rendu financier de la Société des études juives). — Revue des études juives, XLIV, Actes, pp. VI-VIII.

377. Une Haggadah illustrée. — Ibid., XLV, pp. 112-132. — Cf. n° 369.

378. Le Credo traduit en hébreu et transcrit en caractères latins. — Ibid., XLV, pp. 296-305.

379. Le Service divin à Aix-la-Chapelle. — Univers israélite, LVIII, t. I, p. 52-54. — Signé : C.B.

1903.

380. (Chroniques d'actualité relatives à des évènements intéressant les Israélites et parues hebdomadairement dans le Jewish Comment., vol. XVII. (Baltimore, 1902-1903; in-folio) et XVIII (1903-1904).)

381. Répertoire des articles relatifs à l'histoire et à la littérature juives, parus dans les périodiques de 1783 à 1900. Supplément. — Paris, Durlacher, 1903. In-8°, v. 304 p.

[Suite du n° 325 autographié. Ce supplément comprend : 1° la suite du dépouillement des revues de 1899-1900 — 2° la mention d'articles négligés dans le premier dépouillement — 3° le dépouillement de 34 nouveaux périodiques, la plupart en hébreu. Un certain nombre d'œuvres poétiques et de contes néo-hébraïques ont été relevés dans ce supplément. Le dépouillement de quelques périodiques a été fait ou revu par M. A. Mark et M. S. Poznanski. Ce volume est divisé de la manière suivante : Table des noms d'auteurs (p. 1-199) — Initiales et pseudonymes hébreux (p. 200-207) — Table des matières (p. 208-295) — mots hébreux de la table des matières (p. 296-301) — Errata (p. 302-304).]

382. "Aux Études juives". — Archives israélites. 1903, LXIV, p. 51-52.

[Compte-rendu de la Séance du 7 Février.]

383. A la Bibliothèque nationale. — Ibid., 1903, LXIV, 62-63 et 93-94.

[Sur les acquisitions de manuscrits orientaux faites aux XVII° et XVIII° Siècles.]

384. Une autre Haggadah illustrée. — Ibid., 1903, LXIV, p. 118.

[Sur une haggadah du XV° Siècle de la Bibliothèque de la Cour de Darmstadt.]

385. De l'art Synagogal. — Ibid., 1903, LXIV, p. 348.

[A propos de la Société d'archéologie juive de Francfort.]

386. "Aux Études juives". — Ibid., 1903, LXIV, p. 379.

[Conférence de M. V. Bérard, sur la Palestine et le monde méditerranéen.]

387. J. M. Rabbinowicz, conférence faite à l'Université populaire juive le 29 Novembre 1903. — Ibid., 1903, LXIV, pp. 410-412. — Cf. le n° 398.

388. Eine Rarität : eine illustrirte Haggada aus dem 16. Jahrhundert. — Israelitisches Familienblatt, 6. Jahrgang, Nr. 13, p. 10, Nr. 14, p. 10, Nr. 15, p. 10, Nr. 16, p. 10, Nr. 17, p. 10, Nr. 18, p. 10. — Cf. n° 377.

389. Bibliothèque palestinienne. — Journal asiatique, 10ᵉ série, t. I, pp. 565-568.

   [Sur l'ensemble des travaux publiés par l'imprimeur Luncz de Jérusalem.]

390. * Une nouvelle chronique samaritaine, texte samaritain transcrit et édité pour la première fois avec une traduction française, par Elkan Nathan Adler et Max Seligsohn. — Ibid., 10ᵉ série, t. II, pp. 535-536.

391. Mots hébreux dans les mystères du moyen-âge. — Revue des études juives, XLVI, pp. 148-151.

392. (Compte-rendu financier de la Société des études juives. — Ibid., XLVI, Actes, pp. III-V.

393. Un acte de vente hébreu du XIVᵉ siècle. — Ibid., XLVII, pp. 57-61.

   [Sur une pièce des archives des finances de Girone contenant deux actes de vente, dont l'un incomplet.]

394. La prière d'un médecin juif. — Univers israélite, LVIII, t. I, pp. 818-819.

   [Sur une lettre de Marcus Herz attribuée à Maïmonide.]

1904.

395. (Chroniques d'actualité relatives à des évènements intéressant les Israélites et parues hebdomadairement dans le Jewish Comment., Vol. XVIII (Baltimore, 1903-1904; in-fol.) et XIX (1904-1905).)

396. Rapport sur les inscriptions hébraïques de la France. — Paris, Imprimerie nationale, 1904. In-8°, 402 p. — Extrait des Nouvelles Archives des missions scientifiques, t. XII.

   [Résumé et complément des recherches épigraphiques de l'auteur. Après une introduction sur les inscriptions hébraïques en Europe (p. 4-26), qui comprend un paragraphe relatif aux coupes à inscriptions magiques, il examine successivement les inscriptions françaises du haut moyen âge, (p. 27-51), des XIIᵉ-XIVᵉ siècles (p. 51-190) et des temps modernes (p. 191-240). Cette étude qui porte sur 267 épitaphes et graffites est terminée par un index alphabétique (p. 242-258).]

397. Bedaresi. — Annuaire des Archives israélites, XXI, p. 51-56.

398. Biographie. Le Dr J.-M. Rabbinowicz. — Archives israélites, LXV, pp. 4-5, 19-20, 45, 60-61, 77, 109-110, 124-125, 140-141, 164-165, 171-172.

[Suite du N° 387. — Tiré à part, avec le N° 387, sous le titre de : "Le Docteur I. M. Rabbinowicz, conférence faite à l'Université populaire juive, le 19 Novembre 1903." (Paris, impr. de Alcan-Lévy, 1904; in-16, 32 p.]

399. * Bibliographie. Jewish Coins, by Théodore Reinach. — Ibid., LXV, p. 12.

400. Aux Études juives. — Ibid., LXV, p. 28.
[Compte-rendu de l'Assemblée Générale.]

401. Les Juifs de France. — Ibid., LXV, p. 68.
[Compte-rendu d'une conférence de M. I. Lévi, faite à la Société des études juives.]

402. Un contrat hébreu de vente, du XIV° Siècle. — Journal asiatique, 10° Série, III, pp. 157-158. — Cf. N° 393.

403. The latest Rothschild benefaction. The story of the great gift to the city of Paris. The New Era, illustrated magazine. Vol. V, n° 5 (October 1904), pp. 464-467.
[A propos de la fondation Rothschild pour la construction de maisons ouvrières.]

404. (Notes sur la Vierge aux donateurs de Jehan Perreal pour un article de M. de Mély intitulé "Une promenade aux primitifs".] — La Revue de l'art ancien et moderne, XV, 8° année, (10 juin 1904), pp. 466-468.

405. Deux inscriptions hébraïques. — Revue des études juives, XLVIII, pp. 137-139.
[Inscriptions provenant du Touat et de Saïda.]

406. Un Pourim local. — Ibid., XLVIII, pp. 140-141.
[Sur une note d'un ms. de la Bibliothèque de l'alliance israélite relatant une agitation antijuive au Maroc (?) en mars 1771.]

407. Un mahzor illustré. — Ibid., XLVIII, pp. 230-240.
[Ms. n° 24 de la Bibliothèque de l'Alliance israélite.]

408. Compte-rendu financier de la Société des études juives. — Ibid., XLVIII, Actes, pp. IV-V.

409. Les manuscrits et incunables de la Bibliothèque de l'Alliance israélite. — Ibid., XLIX, pp. 74-88 et 270-296.
[Description des textes hébreux (hebraïca) et des livres en toutes langues relatifs à l'histoire et à la littérature juive (judaïca). — Tiré à part sans titre ni signature. (Versailles, impr. de Cerf, s. d.; in-8°, 40 p.)].

410. * Derenbourg (Hartwig). Notes critiques sur les manuscrits arabes de la Bibliothèque nationale de Madrid. — Ibid., XLIX, pp. 315-317.

P. Hildenfinger.

N.B. — Les articles bibliographiques et comptes-rendus sont indiqués par une astérisque.

Table des noms propres.

N°		N°
Abraham Ben David de Tolède : 312.	Bargès (J.J.L.) :	366.
Abraham Ibn Ezra : 9, 45.	Barringer (G.-A.) : 112, 123.	
Abravanel ; 20, 39, 43, 47, 49, 51.	Barthélemy Saint-Hilaire :	60.
Abtalion : 16.	Baruch de Digne :	366.
Acosta (U.) : 103.	Barzilai :	103.
Adler (E. N.) : 390.	Basnage (J.C.) :	366.
Afrique : 313.	Bavière : 175, 181.	
Agde : 352.	Bayonne :	41.
Agen : 352.	Bedaresi :	397.
Aire : 352.	Bédarride :	8.
Aix-la-Chapelle : 379.	Beer (G.) :	227.
Akiba : 22, 353.	Beer Goldberg : 82, 193.	
Alde : 144.	Benamozegh :	26.
Algérie : 57, 85, 103, 105.	Benjamin Ben Isaac, de	
Allemagne : 103, 105, 141.	Carcassonne : 349, 367.	
Almanzi : 50.	Benloew :	105.
Alsace : 108, 196.	Bérard (V.) : 293, 386.	
Alvarez de Peralta (J.A.) : 318.	Bérenger de Narbonne :	367.
Amérique : 136.	Berger (P.) :	148.
Amsterdam : 41.	Berlijn (A.) :	34.
Ancessi (V.) : 138.	Berlin :	183.
Angleterre : 194, 198.	Bernard de Gordon :	367.
Arabes : 110.	Bernays (J.) :	69.
Aram : 188.	Besançon : 362, 367.	
Aristote : 288, 335.	Bisstritz (Mayer Cohn) :	69.
Arles : v. Provence. 196, 345.	Blacas (de) :	134.
Aron : 173.	Bloch (E.) :	257.
Aschkenas Ben Gomer : 38.	Bloch (I.) :	374.
Asie : 55, 140.	Bloch (J.) :	367.
Autriche : 109.	Bloch (M.) :	306.
Babelon (E.) : 176.	Boalemo :	94.
Bacher (W.) : 299.	Bomberg (D.) :	367.
Bahya Ben Joseph Ibn Pakouda : 305.	Bonafos ou Bonifas Vidal :	367.
Bailly (J.S.) : 366.	Bondavi :	367.
Bâle : 178.	Bordeaux :	41.
Bankowski : 106.	Boulogne-sur-Mer :	192.
Baratier (J.P.) : 366.	Bourges :	367.
Barfat : 366.	Brésil :	140.

Bretagne : 358, 365.
Broydé (I.) : 305.
Brunet : 121, 288.
Bruxelles : 78.
Burnet (W.) : 110.
Cafres : 59.
Caire (le) : 46, 48.
Calmer (Lipmann) : 40.
Cambrai : 269.
Campos Leyza (E. de) : 110.
Cannes : 241.
Caro (J.) : 187.
Carra de Vaux : 336.
Carthage : 148.
Chabot (A.) : 355.
Chabouillet : 120.
Charencey : 116.
Charlemagne : 296.
Cherbonneau (A.) : 135.
Chine : 250, 264, 265.
Chypre : 155.
Cohn (J.) : 109.
Comtat-Venaissin : 326.
Constantin V. Copronyme : 296.
Constantinople : 196, 238.
Cordoue : 285.
Cousin (V.) : 35.
Czartoryski : 213.
Dalmatie : 30.
Daniel le Balbi : 82.
Darmstadt : 384.
Darmesteter : 336.
David Cohen de Lara : 346.
David Gamhi : 209.
Delaunay (F.) : 118.
Delisle (L.) : 147.
Derenbourg (H.) : 410.
Derenbourg (J.) : 247, 263, 299.
Dohm : 71, 97.
Dozy : 60.
Drapeyron (L.) : 264, 265.
Dreyfus (A.) : 212.

Dubois (E.-S.) : 111.
Du Camp (M.) : 103.
Dukas (J.) : 144.
Egypte : 132, 138, 165.
Elie del Medigo : 144.
Elie de Pesaro : 155.
Ephraïm : 97.
Eskari : 359.
Espagne : 8, 20, 47, 49, 83, 110, 122, 219, 238, 273.
Ezechiel : 2, 7.
Fagius (P.) : 186.
Famagouste : 155.
Firkowitz : 46, 48.
Fould (A) : 86.
France : 8, 83, 105, 183, 196, 268, 401. — Inscriptions : 303, 310, 331, 396. — Juifs du moyen-âge : 294, 306. — Statistique : 41, 105, 156. — V. aussi les noms des différentes villes et provinces.
Francfort : 385.
Frégier : 57.
Fürst (J.) : 262.
Gabriel, fils de Josué : 153.
Gamaliel : 19.
Girone : 393, 402.
Glaser (E.) : 103.
Gothembourg : 38.
Graetz (h.) : 110, 238.
Grave-Creek : 90.
Gross (H.) : 294, 306.
Guerville : 216.
Guyenne : 196.
Hambourg : 372.
Harizi (Al.) : 163, 360.
Havet (J.) : 283.
Havre (Le) : 98.
Hérode : 89, 152.
Herz (M.) : 394.
Hesse (S.) : 97.
Hillel : 15.
Hollaenderski : 45.

Holontalo : 94.
Hongrie : 103, 105, 109.
Horowitz (S.) : 27.
Horgmud : 214, 255.
Houlda : 65.
Ibn-Gebirol : 14.
Ibn Yahia : 45.
Iéna : 91.
Imos : 110.
Indy (V. d') : 148.
Isaac Ibn Djiat : 9.
Isaïe : 4, 70.
Isidor : 87.
Issoudun : 239.
Italie : 8, 83, 207, 213, 223, 225, 228, 318.
Jacob : 116.
Jacob (O.) : 326.
Japon : 21.
Jean de Bourgogne : 349.
Jean-sans-Terre : 194.
Jehouda . V. Juda.
Jellinek (A.) : 95, 277.
Jephté : 292.
Jérusalem : 25, 53, 64, 76, 104, 105, 152, 282, 389.
Jeschoua Ben Parachia : 18.
Jésus : 146.
Jésus, fils de Sira : 319, 371.
Job : 138.
José Ben Jochanan : 17.
José Ben Yoezer : 17.
Joseph : 6, 23.
Josèphe : 353.
Jotapata : 67.
Jourdain (Ch.) : 36.
Juda : 52.
Juda Halévi : 9, 12, 327.
Juda Hanassi : 24.
Juda Maccabée : 353.
Kahn (L.) : 78.
Kahn (Z.) : 103.

Karaïtes : 65.
Karpelès (G.) : 374.
Karppe (S.) : 295.
Kattinggola : 94.
Kaufmann (D.) : 335.
Kohut (S.A.) : 373.
Kuenen : 127.
Lambert (E.) : 27.
Lambert (Mayer) : 339.
Le Blant (E.) : 268.
Le Camus (E.) : 309.
Ledrain (E.) : 165.
Legrand (E.) : 189.
Lemberg : 338.
Lenormant (F.) : 96, 115, 148, 180.
Lessing : 212.
Lévi (I.) : 282, 319, 371, 401.
Lévinsohn (I.B.) : 31, 52.
Levita (Elie) : 125.
Levita (G.) : 110.
Lévy (A.) : 103.
Lévy (Alphonse) : 315.
Lévy (D.) : 103.
Lévy (E.) : 374.
Lévy (I.) : 70.
Limo lo Lahalaa : 94.
Limollo : 94.
Loeb (I) : 108, 152, 154, 259.
Londres : 198.
Lorraine : 108.
Louis IX : 147.
Löw (I) : 325.
Luncz : 389.
Lunéville : 103.
Luzatto (S.D.) : 50, 73.
Lyon : 164, 170.
Madrid : 410.
Maimonide : 5, 65, 68, 82, 182, 334, 394.
Maioli (L.) : 144.

Mantes : 216, 218.
Manuel (E.) : 105.
Marchand Ennery : 262.
Mark (A.) : 381.
Maroc : 251, 406.
Marseille : 196.
Méditerranée : 386.
Meïr de Rothenburg : 33.
Meisel : 105.
Melun : 210.
Mély (de) : 404.
Mendelssohn : 71, 91, 99, 212.
Mendès (C.) : 103.
Meschulam, fils de Moïse Ben Juda : 256.
Mettlen : 105.
Metz : 97.
Millaud (M.) : 109.
Modlinger (S.) : 79.
Mohl (R. de) : 103.
Moïse : 132, 154, 257.
Molinier (A.) : 197.
Mommsen (T.) : 134.
Monis : 373.
Moreau (H.) : 191, 205.
Mortara : 103.
Mossé (B.) : 27.
Munich : 102, 113, 161.
Munk (M.) : 338.
Munk (S.) : 5, 60, 65, 74, 77, 79, 323, 334.
Nancy : 136, 161.
Napoléon Ier : 37, 70, 206, 344.
Naumbourg (S.) : 148.
Netter (G.) : 87.
Neubauer (A.) : 224, 264, 265.
Nice : 242.
Nicolas (Gd duc) : 128.
Nitaï d'Arbèle : 18.
Obadia de Bertinoro : 54, 66.
Oppert : 60, 222.
Orléans : 221, 224.

Palestine : 61, 163, 229, 386, 389.
Parent (A.) : 67.
Paris : Affaires étrangères (Ministère des) : 196.
– Bibliothèques israélites : 28, 40, 272, 308, 406, 407, 409.
– Bibliothèque Mazarine : 197.
– Bibliothèque nationale : 149, 165, 176, 208, 258, 261, 270, 271, 273, 275, 285, 289, 298, 301, 302, 320, 322, 324, 325, —— 367, 369, 377, 383, 388.
– Billettes : 119.
– Cimetières : 204.
– Collège de France : 74.
– Cluny : 248.
– Exposition de Géographie : 126, 129.
– Exposition de 1867 : 81.
– Fondation de Rothschild : 403.
– Juifs du XVIIIe siècle : 97, 103.
– Louvre : 105, 174, 195, 235, 404.
– Séminaire : 80.
– Siège : 107.
– Société des études juives : 160, 274, 281, 287, 290, 293, 297, 311, 321, 326, 327, 332, 336, 337, 340, 344, 347, 354, 356, 364, 370, 376, 382, 392, 400, 401, 408.
– Temples : 103.
– Université : 36.
– Université populaire juive : 387, 398.
Pereire (Jacob Rodrigues) : 172.
Perles (J.) : 333.
Perreal (J.) : 404.
Perse : 121, 214, 255.
Pesth : 103.
Petahia : 333.
Petra : 120.
Phénicie : 84, 124, 318.
Philippson (L.) : 333, 356.
Philippson (M.) : 356.

Pic de la Mirandole : 144.
Pie V : 201, 267.
Pologne : 141, 153.
Poznanski (S.) : 381.
Provence : 238, 256.
Pugliese : 104.
Puy (Le) : 300.
Rabbinowicz : 68, 141, 387, 398.
Ragatz : 343.
Rapoport (S.) : 88.
Raschi : 363.
Régnier : 29.
Reichersohn (Moïse Cohen) : 100.
Reinach (S.) : 337.
Reinach (T.) : 284, 353, 399.
Renan : 84, 124.
Réville (A.) : 244.
Robert (U.) : 164, 170.
Rodrigues (H.) : 103.
Rodrigues — Mosanto : 111.
Roest : 130.
Röhricht : 229.
Rome : 134, 200, 201, 267, 312,
      328, 330.
Rosenfeld : 64.
Rosenthal (L.) : 130.
Rosny (Léon de) : 21, 55, 60.
Rossi (S.) : 142.
Rothschild (famille) : 29, 44,
   101, 103, 105, 243, 403.
Roumanie : 110, 233, 234, 237.
Rueil : 227.
Russie : 103.
Sabatier : 340.
Sabbatai Zwi : 351.
Sachs (S.) : 260.
Sagnac (P.) : 344.
Sahara : 168.
Saïda : 405.
Saint-Germain : 185.
Salies-de-Béarn : 329.
Salvador (J.) : 336.

Samarie : 390.
Sander : 10, 26.
Sapor : 214, 255.
Saulcy (F. de) : 53, 61, 76, 89,
      120, 159.
Schammaï : 15.
Schemaia : 16.
Schwartz (J.) : 6, 23.
Seligsohn : 390.
Selve (G. de) : 125.
Sénégal : 168.
Senneville : 239.
Servi (F.) : 325.
Séville : 285.
Simon le Juste : 11.
Simon Ben-Schetach : 13.
Simon de Trente : 201.
Simon (B.) : 343.
Soissons : 209.
Soloweyczik (E.) : 114.
Soncino (Eliezer) : 189.
Soury (J.) : 140, 146.
Spa : 361.
Springer : 64.
Steinschneider : 186.
Stenne (G.) : 110.
Strauss : 240, 248, 253.
Suède : 105.
Suez : 58.
Suisse : 343.
Sulzer (S.) : 351.
Syrie : 65.
Tedeschi (M.) : 73.
Terre Sainte, v. Palestine.
Tolède : 250, 264, 265.
Touat : 405.
Tours : 173.
Trénel : 10, 26.
Tunisie : 93.
Turquie : 110.
Vainberg (S.) : 105.
Vaïsse (J. L.) : 110.

39.

Venise :	155.	Wertheimer (J.) :	50
Veuillot (L.) ·	103.	Wihl (L.) :	32
Vienne :	36.	Winterthur :	245.
Villareal :	196.	Witte (J. de) :	134.
Vion :	97.	Wittemberg :	254.
Volubilis :	251.	Wogue (L.) :	114, 153, 166.
Wagner (R.) :	103.	Wurtemberg :	175, 181.
Weill (A.) :	103, 105.	Yabné :	19, 22
Weill (E.) :	353.	Zacuto :	139.
Weill (J.) :	327, 353.	Zurich :	246, 266.

Addition.

1880.

(Communication faite à l'Académie des inscriptions et belles-lettres le 27 août 1880 sur une inscription phénicienne). — Académie des inscriptions et belles-lettres. Comptes-rendus des séances de l'année 1880, 4ᵉ série, t. VIII, p. 311. — Cf. Revue critique d'histoire et de littérature, 14ᵉ année, 2ᵉ semestre, nouvelle série, t. X, p. 200.

www.ingramcontent.com/pod-product-compliance
Lightning Source LLC
LaVergne TN
LVHW011411170726
843501LV00006B/2145